地理科学类专业实验教学丛书

地理师范生教学技能训练手册

任国荣　郭中领　李巧娥 等　编著

科学出版社

北　京

内 容 简 介

本书遵循中学地理教师的职业生涯发展规律，以开启教师职业愿景、提升教师职业能力为切入点，以提升综合素养与地理教学技能为核心进行内容设计。全书包括地理师范生成长之路、教学设计技能、课堂导入技能、教学语言技能、讲授技能、教学媒体技能、提问技能、课堂教学活动组织技能、课外地理活动组织技能、课堂调控技能、结课技能、教学反思技能等内容。本书注重教师之“道”与“术”的结合，注重实践性知识（原理）与案例相结合，并配有各项技能训练方案及评价量表，凸显教师职业技能训练的系统性、实践性和可操作性，为培养合格的地理教师奠定坚实的基础。

本书可作为高等师范院校地理科学专业本科生教材，也可作为各级各类教师培训学校、地理教学方向研究生的教学参考用书，还可作为一线地理教师与各级地理教育科研人员的参考资料。

图书在版编目（CIP）数据

地理师范生教学技能训练手册/任国荣等编著. —北京：科学出版社，2017

（地理科学类专业实验教学丛书）

ISBN 978-7-03-053624-2

Ⅰ. ①地… Ⅱ. ①任… Ⅲ. ①中学地理课-教学法-高等师范院校-教学参考资料 Ⅳ. ①G633.552

中国版本图书馆 CIP 数据核字（2017）第 132599 号

责任编辑：杨 红 程雷星/责任校对：何艳萍

责任印制：吴兆东/封面设计：陈 敬

科 学 出 版 社 出版

北京东黄城根北街 16 号

邮政编码：100717

http://www.sciencep.com

北京虎彩文化传播有限公司 印刷

科学出版社发行 各地新华书店经销

*

2017 年 8 月第 一 版 开本：720 × 1000 B5

2021 年 6 月第四次印刷 印张：12 1/4

字数：229 000

定价：39.00 元

（如有印装质量问题，我社负责调换）

丛书前言

随着移动互联网的飞速发展，学生可以获取的教学资源日益丰富，教学模式趋向多元化，慕课、微课、共享资源课、VR 教学等新型教学方式极大地方便了学生的课外自主学习。在此背景下，传统课堂教学面临前所未有的挑战，许多教师也在尝试引入这些新的教学资源和方法，以适应时代的发展。但无论如何，大学教育的一个核心教学思想不会改变，那就是通过教学过程帮助学生建构学科知识体系，培育专业学科素养和创新性思维。教学过程使用的各类教学资源中，教材是支撑这一核心教学思想实现的最重要资源。无论传统纸质教材与现在流行的电子书形式差别有多大，两者都必须达到支撑上述思想的标准，否则只能是华而不实。

地理学的特点是综合性和区域性，地球表层系统空间各要素不仅具有自身的空间分布格局与特征，也同其他地理要素具有空间联系并相互影响。地理学科的专业教材不仅要专注于解析地理学某一分支学科的知识体系，更应帮助学生建构与其他分支学科的关系。例如，自然地理学与人文地理学两门课程，既有相对独立的学科思想、理论和方法，也有共同的研究对象，我们可以借助全球变化研究中关于人类活动的环境响应等主题，实现两个分支学科关系的知识体系建构，进而培养学生的综合思维。

大学地理科学相关专业的课程实验是从理论到实践的教学过程，如何通过实验教学帮助学生深入理解其所建构的学科知识体系，完成基于理论方法解决实际学科问题的训练过程，并能够独立解决新问题，这是实验教学资源（特别是实验教程）应具备的基本功能。

河北师范大学资源与环境科学学院的地理科学相关专业已有 60 年的办学历史，一批批的地理学者以科学严谨的学术探索和言传身教的人才培育为己任，笔耕不辍，出版了不少经典学术著作和优秀教材。如今，学院继续蓬勃发展，2011 年获得地理学一级学科博士学位授予权，2014 年获批地理学博士后科研流动站，新的一批年轻地理学者已经成长起来，希望能够继承优良传统，成就新的辉煌。恰逢 2015 年学院获批河北省地理科学实验教学示范中心，如何将优秀教学理念与方法向社会传播，实现优质教学资源的共建与分享，成为年轻一代教师们思考的重要问题。从当代地理科学发展的现状来看，大家一致认为，应该着重构建学生实践创新能力培养的多元化实验教学环境，将地理信息科学专业的实验教学作为示范中心重点培育的纽带项目，充分发掘互联网服务资源与功能，整合地理信息科学、自然地理学、人文地理学和其他相关学科的实验教学内容，逐步构建“多专业实验协同创新与环境共享的实验教学体系”，推进“教师科研创新引领下的实验教学改革模式”，全面实现示范中心教学资源共享。

教学质量提升任重而道远，我们必须脚踏实地，砥砺前行。地理科学类专业实验教学系列教材的编著工作正式启动了。系列中的每本实验教程都不是对单一课程的独立实验描述，而是按照学科体系将学科知识关系密切的相关课程集成在一起，统一设计实验项目和内容。每本教程的内容设计与系列教材的总体架构，就是引导学生建构课程知识体系和培养学科思维模式的双层脉络。例如，地图学、计算机地图制图和地理信息系统原理三门课程的集成实验，遥感导论与遥感数字图像处理两门课程的集成实验，测量学、全球导航定位系统原理和数字摄影测量三门课程的集成实验，以及地理信息数据挖掘与软件开发相关的课程集成实验，等等。

特别需要说明的是，实验教材系列中还有一本有关典型实验数据集的教程，数据来源包括政府开放数据（如社会经济统计数据）、科学共享数据（如全球 30 米分辨率数字地形、地表覆盖数据）、志愿者地理信息数据（雅虎 YFCC 数据集）等，这些典型数据集不仅可以支撑众多相关课程的实验教学训练，更可以帮助学有余力的同学寻找科学问题，开展创新性地理研究探索。

这套系列教材的执笔者都对大学教育情有独钟，他们中既有已过知命之年阅历丰富的教授，他们不忘初心，继续编写教程令人敬佩；也有肩负行政管理、科学研究和本科教学多重任务的中青年骨干，他们在繁重的工作中不求名利，守望净土，让人欣喜；更有刚刚入职的青年才俊，他们初生牛犊、意气风发，使人振奋。整套系列教材完全编写完毕会超过 10 本的规模。一期工程选择了地理信息科学专业教学中实践内容较完善的《地图学与 GIS 集成实验教程》《GIS 类实验典型数据集解析》等相关教材和前期积累较好的《地理师范生教学技能训练手册》，作为实验教学改革示范的引领项目。二期工程将以地理学科相关本科专业的核心课程为基础，整合实验室基础实验和野外实习实验，并与一期工程的相关教材形成内容互补、体系呼应的整体成果。希望通过大家的努力，带动更多教师投入到系列教材编写中，为地理科学专业人才培养做出贡献。当然，我们不追求教材的形式，正如开篇所述，无论是纸质书还是电子书，还是直接发布到互联网进行共享和传播的教材资源，最重要的是教材要有设计思想，要以合适的形式不断发展演进，主动适应学科理论和方法的新内涵，要能够支撑慕课、微课和 VR 教学等各种快速变化的新型教学模式，要最终以培养学生的创新性思维和专业素养为最高追求。

地理科学类专业实验教学丛书编委会

2017 年 6 月

前　言

“培养什么人，怎样培养人”，是教育的根本问题和永恒主题。党的“十八大”报告指出，“把立德树人作为教育的根本任务，培养德智体美全面发展的社会主义建设者和接班人”。“立德树人”首次确立为教育的根本任务。立德树人，即教育事业不仅要传授知识、培养能力，还要把社会主义核心价值体系融入国民教育体系之中，引导学生树立正确的世界观、人生观、价值观、荣辱观。落实“立德树人”的任务，要求教师不仅要做教学技能过硬的“经师”，更要做为人师表、教书育人的“人师”。作为师范生，从进入大学开始就要从“明道”“厚基”“优术”三个层面完善自己。

“明道”就是要明白为师之道，以德立身、以德立学、以德施教。俗话说 “亲其师，信其道”。教师，作为“道”的载体，其人格及言行都具有巨大的教育价值，所传播的各种知识、观点及行为，在一个学生成长的过程中起到巨大的作用。“厚基”，就是为师者要有扎实的知识功底，包括学科专业知识及与教师教育相关的知识。“优术”指的是过硬的教学能力，也就是作为教师必备的教学技能。

本书以在校地理师范生为培养对象，以其职业生涯发展任务为切入点，以实际应用为导向，以职业需求为目标，坚持“明道”和“优术”相结合，从教学设计、教学过程到教学反思等方面进行全方位训练，提高其综合素养与职业能力。整体而言，本书有以下特点。

一是，重在从“教师之道”的层面激发学生进行教学技能训练的主动性和自觉性，第一章地理师范生成长之路，从“认识教师，开启职业愿景；评估现状，明确努力方向；自我管理，实现自觉发展”等方面将学生阶段性的生涯任务与生涯发展目标相结合，激发其内在成长动力。

二是，强调理论性与应用性的有机结合，突出案例分析和实践研究。以知识讲授为基础，提高学生认知；以案例分析帮助学生深化对知识的理解；以技能训练为重点，提高学生运用地理教学技能的能力。

三是，以“有效”和“有趣”为标准，在教材内容、体例结构和栏目设置上遵循学生的认知规律，力图有所创新。以训练方案设计为关键、以拓展训练为重点，强化学生教学技能训练；以展示评价为抓手，检验训练效果和提升学生的自我效能；以收获与感悟为总结，升华认识和情感，实现知识与技能、过程与方法、情感态度与价值观三维目标的有机结合。

本书主要编著人员为任国荣、郭中领、李巧娥。具体分工如下：任国荣负责全书统稿和审阅。第一章由河北师范大学任国荣编写；第二章由河北正定中学李巧娥、周庆编写；第三章由河北省大城县第一中学安月颖编写；第四章由河北师范大学高军生、王翔宇编写；第五章由河北师范大学郭中领编写；第六章由河北正定中学孙华蕊、苏美荣编写；第七章由石家庄市教育科学研究所范光清编写；第八章由天津市微山路中学李亚莉编写；第九章由河北省威县二中张雷编写；第十章由石家庄市教育科学研究所倪晓清、石家庄市第一中学王彦琴编写；第十一章由河北师范大学田家炳中学姜正茏编写；第十二章由河北师范大学高军生、王翔宇编写。

本书既是河北省地理科学实验教学中心的建设成果，也是河北师范大学专业学位正定中学实践基地的研究建设成果，得到了石家庄市周庆特级教师工作室的大力支持。在编写过程中借鉴和参考了国内众多学者的研究成果和地理教师的成功经验，其中有些材料未能一一注明出处，在此对所引用资料的原作者及相关人员表示衷心的感谢。

由于编者水平有限，疏漏之处在所难免，恳请广大读者批评指正。

作　者

2017 年 5 月于河北师范大学

目　　录

第一章　地理师范生成长之路

捷克大教育家夸美纽斯说："教师是太阳底下最光辉的职业。"俄国化学家门捷列夫也说过："教育是人类最崇高、最神圣的事业，上帝也要低下至尊的头，向她致敬！"习近平总书记在第三十二个教师节看望慰问北京市八一学校师生时指出："一个人遇到好老师是人生的幸运，一个学校拥有好老师是学校的光荣，一个民族源源不断涌现出一批又一批好老师则是民族的希望。"作为一名未来的人民教师何其幸也！

一名地理师范生，要想成为合格的人民教师，进而成为优秀的人民教师，必须遵循优秀教师的职业发展规律，学会自我管理，实现自觉发展。从生涯发展的角度看，地理师范生的自我管理是指处于社会关系中的大学生，为了实现未来成为优秀地理教师的职业目标，充分调动自身能动性，有效利用和整合自身及周边一切可利用的资源，运用科学方法而开展的职业愿景开启、教师职业能力构建、教师职业能力提升的过程。

【训练目标】

（1）通过课堂讨论和案例分析，培养对教师职业的敬畏感。

（2）通过生涯环游冥想，开启教师职业愿景，激发内在发展动力。

（3）通过构建教师能力之轮，明晰自己的发展目标，制订能力提升计划。

（4）运用组建团队等方法，建立自己成长的支持系统。

第一节　认识教师，开启职业愿景

愿景，《现代汉语词典（第 5 版）》解释为：所向往的前景。通俗讲，愿景是当愿望实现后的情景，是一幅清晰的画面，人们可以看到画面中的不同组成，看到相关的人、事、物，看到细节、动作，看到颜色，甚至更多。这画面是当事人深深渴望可以实现的，于是他被这画面深深地吸引和打动。因为愿景是触动内心的，是人们在达成目标后希望获得的体验，因此，开启职业愿景可以让人们获得自我完善的动力。

一、教师的定义

"教师"一词有两重含义，既指一种社会角色，又指这一角色的承担者。广义的教师泛指传授知识、经验的人；狭义的教师指受过专门教育和训练的人，并在教育（学校）中担任教育、教学工作的人。本书所指的教师是其狭义范畴，即在学校经过学科专业教育和训练且毕业后从事教育教学的专业人员。其职责是承担教书育人，培养社会主义事业建设者和接班人，提高民族素质的使命。

【思考与讨论】请用关键词描述一下“你心目中的好老师”。

每个人心目中都有好老师的形象。做好老师，是每一个师范生应该认真思考和探索的课题，也是每一个师范生的理想和追求。从小学到大学，学生接受了很多教师的教育和培养，他们身上许多优秀的品质对其成长产生了深刻而长远的影响。现在请认真想一想，这些优秀的品质都有哪些？请用关键词描述出来，并在组内进行交流分享。在交流分享的基础上，按照道德品质、学识修养、教学能力、心理素质、形象气质等方面进行分类汇总，作为个人努力的方向和目标。

我心目中的好老师

道德品质：

学识修养：

教学能力：

心理素质：

形象气质：

【思考与讨论】分组讨论“你最不能容忍的教师行为有哪些”。

阅读案例 1-1，谈谈你有何感想？你认为最不能容忍的教师行为有哪些？小组讨论后，同样用关键词的形式写出来，张贴在班级，并时时警醒自己不要犯同样的错误。

案例 1-1：我最恨我的小学数学老师。

在一次“你最不能容忍的教师行为”的课堂讨论中，学生小武站起来说：“我最不能容忍的教师行为是讽刺挖苦、不尊重学生，我最恨我的小学数学老师，因为他经常挖苦我是笨蛋，说我连这道题都不会做还想考大学（说着小武流下了眼泪），导致我对数学产生了恐惧，始终认为自己学不好数学。我感谢我的初中数学老师，是她的鼓励和耐心辅导使我对学好数学重获了信心”。

最不能容忍的教师行为

有人说：教师是一群伟大而又可怕的人。伟大之处在于教师不仅要爱自己的孩子，更要爱别人的孩子；可怕之处在于教师哪怕不经意的一句话、一个眼神，都可能影响孩子的命运，给一个家庭带来希望或失望。因此，教师需要不断充实完善自己，掌握科学知识和先进理念，在对学生进行教育时，不能信口开河，而要谨言慎行。事实正是如此，我们要对教师职业心存敬畏！

他山之石：敬畏教学——教书比天大

耶鲁大学的教授“重视课堂教学，对教书有一种几近宗教的崇敬”，“教书比天大”已成为耶鲁精神。

在耶鲁大学，即使遭受到规模惊人的连续几场特大风雪，学校出于安全考虑，请教授们相机行事，教授们也依然坚持给学生开课。耶鲁大学建校三百年，从未发生过教授因为天气恶劣而随意调课甚至停课的现象。

【交流与分享】如何做到对教师职业保持敬畏？

通过前面的活动，相信你对教师职业有了新的认识，教师职业不仅关系学生个人和家庭的希望，更关系整体国民素质的水平、科技创新能力的提升、中华民族的精神传承和国家未来。因此，我们要对教师职业心存敬畏。结合习近平总书记提出的“四有”好老师的标准（要有理想信念、要有道德情操、要有扎实学识、要有仁爱之心），在小组内结合自身实际具体谈谈怎样做才能保持对教师职业的敬畏。

敬畏教师职业，我需要从以下几个方面做起：

二、教师职业的特点

（一）教师职业的特殊性

教师工作首先是一种职业，是社会千千万万职业中的一种。但是，教师职业具有特殊性，因为这个职业的“产品”是学生，是成长中的人，是鲜活的生命。学生处于成长发展阶段，具有不稳定性和不成熟性，教师对学生具有较强的影响和具体的示范作用，这就决定了教师工作的特殊性。教师对学生的影响是生动具体的，是潜移默化的，也是深刻而持久的。教师的思想观念，教师的学识见解，教师的气质风度，教师的精神面貌，乃至教师的言谈举止、着装仪表都很容易被学生仿效。教师职业与其他职业相比有其独特的价值和内涵。唐代大诗人韩愈有云：“师者，所以传道授业解惑也”，这既是对教师职业内涵的界定，也是对教师的职业要求。“为人师表，率先垂范”“学高为师，德高为范”，这些对教师的要求不单纯是道德范畴的，还带有很强的职业特点。

（二）教师职业的独立性

教师职业具有相对的独立性。其一，每个教师都具备不同的教学资源，都可以看做是“教学资源库”的一个单元，这是学校整体教学资源的“元素”；其二，教师的教学工作具有相对独立性，教学设计、教案形成、课堂教学、作业批改、学生辅导、班级管理等环节，很大程度上要靠教师的“个体行为”去实现；其三，影响教学过程、教学效果和学业成绩的因素很多，教师的工作难以在评价上全程量化，教师本人的素质、能力、责任、境界、态度甚至情绪都会产生一定的影响，这也是教师职业独立性的表现。

（三）教师职业的群体性

教师的工作具有相对独立性，并不是说教师的单个行为就能够完成对学生的教育过程，“一个人的学校”或者“一个人的课堂”在现代教育的要求下是不可想象的。随着科技进步和社会发展，学生的知识结构也在发生巨大的变化，学生对知识的需求更加多方位、多层面、多领域，这就需要教师组成一定的教育群体，整合教师个体所具有的教育资源，形成覆盖面较大的教育资源库，满足学生成长发展的需要。学校的教研活动、集体备课等形式，就是整合教育资源的过程。随着新课程改革的深入，“校本教研”将成为学校面临的一个新课题。按照教育部《基础教育课程改革纲要》（试行）的要求，“校本教研”是指以校为本的教研活动，特别强调跨学科教师的交流与合作，这就给“教师职业的群体性”赋予了新的内容。

（四）教师职业的创新性

教师的工作本身就是不断创新的过程。教学工作的核心，就是把教科书上知识内容进行分析、分解、重组、建构，结合教师独特的学识见解，整合成为符合学生认知规律和学习特点的教学设计。这个过程就是通常所说的“掌握教材、驾驭教材、提炼教材”的过程，这是教师展示教学功力的过程，也是教师创新的过程。同样的课程内容，经过不同教师的再创造，可以呈现出丰富多彩的课程形态和风格迥异的教学特色，展示出教师个人的阅历、功力和智慧。创新，是教学工作永恒的命题，是教师文化底蕴、专业才能、进取精神、研究水平等综合素养的具体展现，也是优秀教师必备的能力。

（五）教师职业的神圣性

教师职业的神圣性是指，教师工作是塑造灵魂、塑造生命、塑造人的工作，国家繁荣、民族振兴、教育发展，需要一支师德高尚、业务精湛、结构合理、充满活力的高素质专业化教师队伍。教师职责履行的好坏，关系学生的渴望、家长的希望、国家的未来。学生期盼从老师身上领悟做人的准则，知晓科学的真谛，学会立业的本领；家长将 “望子成龙，盼女成凤” 的希望托付于教师；国家把培养 “栋梁之材”的重任交给了教师。作为一名教师，不但事业是光荣的，而且职责是神圣的。

“三寸粉笔，三尺讲台系国运；一颗丹心，一生秉烛铸民魂”是对教师职业神圣性的写照。因此，作为一名教师要做到：敬业、乐业和赏业。心存敬畏，才能追求臻于至美；乐业，才能保持对教育事业的激情与热爱，对求知学生充满关爱与热情；赏业，才能感受教师的乐趣，教师的生命价值，享受“桃李满天下”的独有自豪。

三、描绘自己的职业愿景

完善自我，成为一名优秀的教师，首先要确定心中所期望的教师形象，确定自己的人生目标。设下目标带出希望，所有的行为将会凝聚在这个希望的周围，活出意义来。下面的练习，可以帮助师范生明晰自己的职业理想目标。

【交流与分享】讲述“我心中的职业榜样”。

从小到大，哪位教师是你心目中的榜样？为什么你会把他（她）作为你心目中的榜样？与同桌讲述这位教师打动你心灵的故事，最后请用五个关键词来概括他身上你所欣赏的关键品质。

我的职业榜样
他（她）成为我榜样的理由：   我所欣赏的五个关键品质：

【交流与分享】生涯幻游：十年后的我。

在舒缓的背景音乐下，请大家以舒服的姿势坐好，跟随老师的指导语进行冥想：“请闭上眼睛，放松，深呼吸。深深地吸气，再慢慢地呼气；自然地吸进来，慢慢地呼出去，自然地吸进来，慢慢地呼出去……放轻松……放轻松。你现在正在一个美丽的天然花园，天空辽远湛蓝，空气中布满了鸟语花香。你正在花园里一条曲折蜿蜒的石子路上，欣赏着四处的美景，大自然的气息让你陶醉……

你沿着小路往前走，转了一个弯，发现前面是一片树林，幽静安逸。你踏着松软舒适的落叶沿着小径走过树林，发现对面有一个山洞。你很好奇，于是你走向前去，发现山洞的门口有一面魔镜。现在，你走到了镜子前面，魔镜里的时间切换到十年后的某一天，一个平常的工作日。早晨，起床后，经过一番梳洗，你脸上的气色如何？梳了什么样的发型？你来到衣柜前面，准备换衣服上班，你穿的是什么衣服？你的情绪如何？准备出发前又照了照镜子，仔细看镜中的你是什么样的形象？是什么样的表情？再往后看，看看你居住的是什么样的房子，屋子里有什么样的摆设？房间里有种怎样的氛围？（停顿）接下来，你准备去上班，出门。看一看，你居住在一个什么样的环境里？乘坐什么样的交通工具？

然后你来到了你任教的学校，那是一所什么样的学校？（停顿）你的同事看起来是怎么样的？（停顿）他们见到你是如何跟你打招呼的？称呼你什么？如果他们评价你，是怎样评价的？

你来到了自己的办公室，那是一个什么样的办公室？（停顿）接下来，你要做什么？（停顿）你的工作内容是什么？

现在，你来到了教室，教室的环境如何？你如何跟你的学生打招呼？你的心情如何？你学生的状态怎样？他们是怎样评价你这位老师的？

到了晚上，你结束了一天的工作，是否感到愉悦和满足？你怎样度过夜晚的时间？

今天，你不仅享受了天然花园的美景，还在魔镜中看到了自己十年后的生活。你今天有了很大的收获，内心充满了愉悦。现在，你该回去了。穿过树林，经过石子路。五、四、三、二、一，好，睁开眼睛。请不要说话，记录下刚才的心路历程，并用画笔把未来十年的职业愿景图描绘出来。与小组成员分享你的愿景图，并交流一下刚才的心路历程”。

我的心路历程

十年后的职业愿景图

第二节 评估现状，明确努力方向

开启愿景是让人们看到心中期待的目标，而提升职业能力是通往理想目标的必由之路。提升职业能力，首先要明确一名优秀的教师都需要具备什么能力。

一、什么是教师的职业能力

职业能力是指人们为了胜任某一具体职业而必须具备的能力。教师职业能力是教师在专业教育与教育教学实践过程中，形成与发展的从事教育教学活动所需要的一切能力。教师职业能力是由教师职业活动中的各项具体能力所组成的，包括学科专业知识、教育学专门理论和教学专业技能，这是构成教师职业能力的“三要素”。具体来讲主要包括：专业知识、教材分析能力、教学设计能力、语言表达能力、教学媒体运用能力、课堂调控能力、教师个人魅力、教师心态等。教师的职业能力是教师在专业教育与教育教学实践基础上逐步形成与发展的，是多种能力的优化组合，如图 1-1 所示。

二、中学地理教师的职业能力界定

按照图 1-1 教师能力之轮的结构，对中学地理教师的能力界定如下。

专业知识。①扎实丰富的专业知识。不仅要掌握地理专业的各门基础课程，还应熟悉本学科的全部教材，并了解学科的历史、现状及发展趋势。要从地理科学、

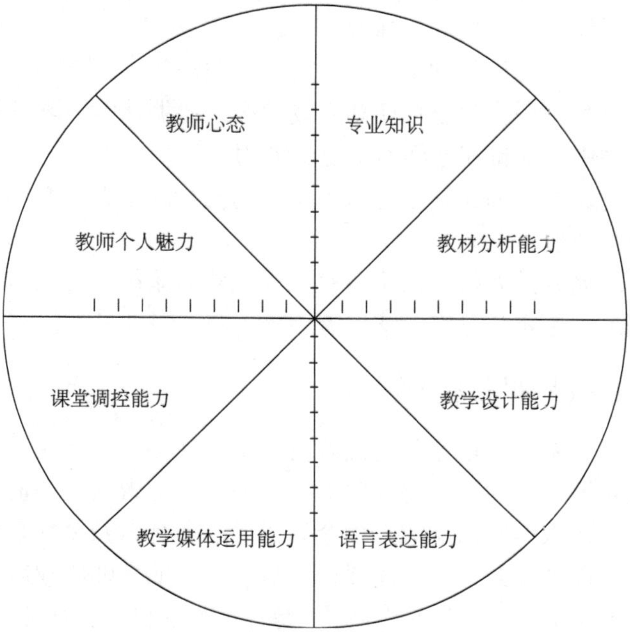

图 1-1　教师能力之轮

环境科学、人文科学的角度了解时代要求，知道地理知识在建设与发展各领域中的价值与作用。②教育学、心理学、教学论、课程论等有关知识。③有关思想道德、情感态度的教育艺术，以及“情商”、思维科学的基础知识。④其他学科与地理有联系的内容、生产生活中的地理知识和社会常识。

教材分析能力。地理教材是地理教学过程中，教师用来协助学生达到教学目标的各种信息材料。分析教材是设计课堂教学、制订符合国家地理课程标准和教学新理念的有效教学方案的前提和基础，也是实现教学目标的关键步骤。这是地理教师必须掌握的基本技能。

教学设计能力。地理教学设计是教师备课时，在分析教材内容和学情的基础上，以现代教学设计理念为引领，应用系统方法，全面、综合地考虑地理教学活动中的各种因素和条件，为学生的地理学习创设最优环境而进行教学目标的制订、教学方法的选择、教学媒体的运用、教学效果的评价等系统规划与安排地理教学活动的过程或程序。

语言表达能力。指教师能够根据学生状态和教学资源，设计最优教学效果的语言表达方式。苏联教育家苏霍姆林斯基说：“教师的语言修养在极大的程度上决定着学生在课堂上的脑力劳动的效率。”地理教学中，教师在讲述地理事物、地理现象和地理过程时，其语言的雅俗、表达能力的高低、启发艺术的优劣，都将直接影响教学效果。此外，语言表达能力还包括地理教学语言的专业性和规范性。

教学媒体运用能力。指地理教学中，教师根据知识的特点、学生的基础和认知规律，能够运用地理教学的图表技能、地理教学“三板”（板书、板画、板图）技能和现代教学媒体技能，实现教学目标的能力。

课堂调控能力。指地理教学中，教师在充分关注学生状态的基础上，运用智慧和策略灵活调节、控制课堂教学秩序和突发问题，协调课堂物理环境和心理环境，引导学生注意力集中并保持在教学活动上的能力。

教师个人魅力。指教师在课堂上展现出来的独特的个人状态和气质，以及他们对于学生的影响和改变。

教师心态。一名好的教师必须反复修炼内在修养系统，如热情、仁爱、敬业、积极、主动、理解、包容、自信、感恩等。

三、评估自己的教师职业能力现状

自我现状评估就是监测自己的生涯阶段、生涯任务及生涯任务完成的情况，重点是对自己完成生涯任务的现状进行监测。作为一名准教师，当前生涯阶段的核心任务就是提升自己的教师职业能力，为今后成为一名合格乃至优秀的人民教师奠定良好的基础。制订能力提升计划首先要评估目前自己的教师职业能力水平，分析存在的不足，明晰努力方向。“教师能力之轮”是评估目前自己教师能力的一个好工具。

【相关资料】教师能力之轮

教师能力之轮又叫做平衡轮，是一个生涯教练工具。这个工具是让人们说出事实、评价自我的方法，是对自己教师能力状态的一个“快照”，可帮助自己全面审视自己当前的状态。让人们明晰现阶段自己的生涯任务及任务完成的情况。每一个纬度的答案只对自己有意义。

【技能训练】绘制自己的“教师能力之轮”。

教师能力的提升不仅是专业知识的学习，还有与教师能力相关的很多方面，只有各个方面互相平衡与支持，师范生才能成为一名优秀的教师，人生才能丰富多彩，生命质量才能得以提升。绘制“教师能力之轮”有助于师范生看到教师能力的全貌，对自己目前教师能力的现状有一个清醒的认识，发现长处和不足，调整发展方向和努力目标。按照教师能力之轮绘制方法的提示，绘制自己的教师能力之轮，并标明绘制的时间，每隔一个月绘制一次，并进行对比分析。一方面发现自己的成长与进步，提升自我效能感；另一方面也是对自己的监测、激励和督导。

方法提示：教师能力之轮的绘制方法

第一步：明晰教师能力的主要内容。按照图 1-1 画一个圆代表教师能力，把圆分成八等份，每一份代表教师能力的一个方面。可以依照图 1-1 的提示来划分，也可以大家一起讨论，分析提炼教师能力最主要的八项内容。

第二步：对每一项内容进行界定。例如，定义“语言表达能力”，不仅包含音色、音质、音调等先天的因素，还包括音准、地理教学语言的科学性、规范性，依据教学内容选择不同的语言表达方式、语言情感的表达和感染力等。

第三步：评估自己的教师能力。主要是看自己目前在各个项目上的得分情况，以 10 分制来评价，如果 1 分是不好，10 分是最好，你会在这一项上评几分？客观地为自己打分，并陈述这个分数的理由及自己的感受。

第四步：绘制教师能力之轮。根据每一项的得分在轮轴图的各自区域对应地标出坐标点并且连接成线。

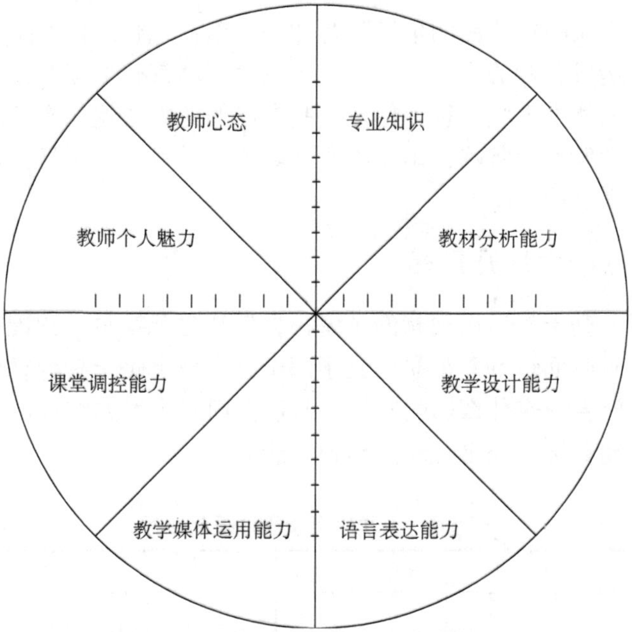

我的教师能力之轮　　　　绘制日期：

【技能训练】分析自己的教师能力之轮。

通过绘制自己的教师能力之轮，体会绘制过程中自己的感受，并具体分析每一个方面自己满意的地方是什么，不满意的地方又是什么，并试着说出理由（表 1-1）。

表 1-1　我的教师能力之轮分析表

项目	目前得分	我满意的（长处）	我不满意的（不足）
专业知识			
教材分析能力			

续表

项目	目前得分	我满意的（长处）	我不满意的（不足）
教学设计能力			
语言表达能力			
教学媒体运用能力			
课堂调控能力			
教师个人魅力			
教师心态			

第三节　自我管理，实现自觉发展

自我管理对于明晰现阶段的生涯任务和个人生活现状，树立阶段性目标和寻找内外资源，建立达成目标的支持系统，促进生涯行动具有很好的推动作用。第二节主要内容是对个人能力现状进行评估，绘制自己的能力之轮。本节的主要内容是自我管理，实现自觉发展的策略：确立阶段性能力提升目标；制订完善能力的行动计划；整合资源建立支持系统。

一、确立阶段性能力提升目标

【自我思考】基于对自己现状的了解，你期待自己在每一项能力上想要达到的分数是多少？多长时间达到？如果达到了那个分数将会是一种什么样的状态？实现目标对自己的生活会带来什么影响？把你对以上问题思考的结果填入表 1-2。这有助于明确自己的行动目标，获得行动的动力和能量。

表 1-2　大学生活阶段性行动目标

项目	目前分数	想达到的分数	时间	目标	带来的改变
专业知识					
教材分析能力					
教学设计能力					
语言表达能力					
教学媒体运用能力					
课堂调控能力					
教师个人魅力					
教师心态					

二、制订完善能力的行动计划

根据个人生涯发展的任务和个人的实际情况，现阶段你最想在哪个方面获得更大提升和更多的满意度？为了达到这个目标，从现在开始你需要做出什么努力？为这个目标标注完成的时间，为了循序渐进地达成自己的目标，可以在每一项上先从提高 1 分开始做起。例如，想在“专业知识”上提高 1 分，为此你要做的是每天提前半小时到教室进行课前预习、坐在第一排、课上积极发言、课后对知识进行梳理等。

【技能训练】按照下面的问题提示，依据自己绘制的教师职业能力之轮，制订自己的个人修炼计划（可参照案例 1-2），并上传到班级课程学习微信圈。

（1）目前，你最想改变的是哪个区域？如果这一区域提高 1 分的话，你需要做出什么改变（明确具体的计划和措施），并标注完成的时间。

（2）如果这一小步目标达成，你会给自己什么奖励？

（3）如果这一小步目标没有达成，你需要受到什么惩罚？（需小组成员认可）

（4）注明：姓名，监督人，并请监督人签字，时间。

> 案例 1-2：我的个人修炼计划。
>
> 通过对教师能力之轮八个要素的自我评分，我认为现阶段最应该提升的是教材分析和教学设计能力。为此，制订个人修炼计划，希望该计划能时刻提醒我不断进步。
>
> （1）每天坚持阅读高中地理必修教材，教材版本选择湘教版和人教版（时间允许的话还可以阅读中图版和鲁教版的教材，分析异同，取长补短），阅读时间为 2 小时左右。
>
> （2）每周周末选择空余的半天时间对一周学习内容进行总结与分析，并选择其中一节内容进行教学设计，熟悉教学设计基本步骤。
>
> （3）每周内进行三次高考题练习，在掌握教材基本内容的同时，密切关注高考命题形势，进一步提升教学设计水平。
>
> （4）及时记下学习过程中的小想法，遇到不懂的问题，积极查阅资料或与小组成员交流，以求在交流的过程中碰撞出更多思想的火花。
>
> 以上就是我的个人修炼计划，希望在新的一学期再接再厉，不断提升自我！
>
> 计划执行人：××× 　　　　监督人：×××
>
> 时间：×年×月×日

三、整合资源建立支持系统

建立达成目标的支持系统，通俗地讲就是谁能助你达成目标，这就需要整合各种资源。资源可以分为内在资源和外在资源。内在资源的挖掘可以通过撰写自己的成就故事，总结梳理以往成功的经验，这些经验都是达成目标的宝贵财富，并且在分享成功经验过程中获得成长的力量。此外，记录自己的成长日记，每天检视有哪些进步，哪怕是一点点小的进步、小的喜悦也要记录下来，它能使自己每天获得新的动力。外在资源也就是他人资源，如父母、老师、学长、朋友等所有能帮助自己达成目标的人和事。

【自我思考】比照第一行的结构，完成表 1-3。

表 1-3　我的支持系统

项目	内在资源	外在资源
专业知识	学习认真、对专业感兴趣、有自己的一套学习方法等	教师资源、实验室条件、共同学习小组、专业社团等
教材分析能力		
教学设计能力		
语言表达能力		
教学媒体运用能力		
课堂调控能力		
教师个人魅力		
教师心态		

【技能训练】地理教学技能训练团队的组建。

组建团队是建立外部支持系统很好的途径之一。为了让大家在成长的道路上获得相互支持、相互鼓励，促进生涯发展目标的达成，按照以下要求组建地理教学技能训练团队。

（1）团队的任务：制订团队共同守则，完成团队技能训练任务，对其他团队的训练情况进行有效评价。根据完成质量获得分数，成绩由团队成员共享。

（2）团队人数：6~8 人。

（3）要求：按照“组内异质、组间同质”原则组建，考虑性别、学业成绩、能力水平、性格特点、家庭及社会背景等进行合理组合。

（4）第一次团队任务：选出组长，起组名，画组徽，并解释组名、组徽的寓意，制订小组守则。

【思考与讨论】分组讨论制订“课程期待与承诺”。

（1）关于本门课程，你们的期待是什么？

（2）你们希望老师的授课方式是怎样的？

（3）为了达成你们的期待，你们要付出什么？（承诺）

为了强化团队凝聚力和合作意识，团队全体成员举起右手面向全班同学宣誓！誓词可参照下列格式。

“我希望通过本门课程的学习和训练，获得： 提升。

为此，我承诺……

宣誓人：×××

×年×月×日”

【课后团队行动任务】

分组走访中学优秀地理教师，访谈优秀地理教师，了解优秀地理教师的成长路径。事先拟定访谈提纲，访谈过程要录像。要求以“优秀教师的成长之路”为主题制作一个 5 分钟的视频，要求有字幕，主题突出，画面精美，并用 5 分钟的时间以 PPT 介绍本组在完成任务过程中的心得体会。

【展示与评价】

（1）个人教师职业愿景图。为班级设计一个教师职业愿景墙，将制作好的“职业愿景图”展示在上面。比一比，看看谁的职业愿景更美好。

（2）个人修炼计划。每个人的修炼计划书都是自己的人生宣言，也是自己的行动方案。设计一个适当的活动，对大家的修炼计划书进行展示分享。

（3）团队建设展示。将第一次团队建设的成果进行展示，团队成员站在台前，向全班同学进行展示，展示的形式可以多样，全部展示完毕后，评选出最佳团队建设方案。

（4）召开优秀地理教师访谈报告会。各组将录制好的教师访谈视频进行展示播放，了解优秀教师的优秀品质和成长路径。

【唤起关注】仰望星空，脚踏实地。

我们需要凝视前方，因为没有前方的召唤，我们可能会失去前进的方向。但是，在仰望星空的时候，也不能忘了脚踏实地，毕竟，星空的美丽永远不属于大地，只有脚踏实地，才可以用自己的每一个脚印折射出星空的绚丽。

仰望心中的星空，确定梦想的方向。

脚踏实地，坚定地走在实现梦想的路上，体验追寻梦想的快乐！

【收获与感悟】

通过本章的学习与训练，我的收获与感悟：

第二章　地理课堂教学设计技能

一堂好课就像一个情节曲折动人的故事，有引人入胜的开场，车到山前疑无路的困惑，又有柳暗花明又一村的峰回路转、豁然开朗的顿悟，置身其中无不酣畅淋漓。而这样一堂好课，离不开一个好的脚本，这个脚本就是教学设计方案。教学设计主导着课堂教学的方向和过程，调控着课堂状态，是有效教学的基本保障。优秀的教学设计应该具备以下特点：表述科学，教学目标达成性强，教学方法选用恰当，教学过程切实可操作等。教学设计的基本要素包括教学目标、教学重点、教学难点、教学方法、教学过程等。

【训练目标】

（1）通过阅读、课堂讨论及案例分析，熟悉课堂教学设计的基本流程和主要环节。

（2）通过训练、案例评价，规范课堂教学目标的表述。

（3）通过编制教学方案，掌握教学方案的主要内容和规范格式。

第一节　地理课堂教学设计概述

一、地理课堂教学设计的含义

教学是一个动态的过程，教学过程是一个系统，这一系统包括了教师、学生、资源、学习方法、条件、情境等诸要素。教学设计就是要创设这样一个系统，调动各种要素，并运用系统科学的方法去解决教学中的问题。教学设计以学习者的学习目标为出发点，确定学习者的需求和教学活动中需要解决的问题，提出满足学习者需求和解决问题的方法和步骤。地理课堂教学设计是教师在备课时，以现代教学设计理念为引领，应用系统方法，全面、综合地考虑地理教学活动中的各种因素和条件，为学生的地理学习创设最优环境而进行教学目标的制订、教学方法的选择、教学媒体的运用、教学效果的评价等系统规划与安排地理教学活动的过程或程序（图 2-1）。

【思考与讨论】 结合地理课堂教学设计的含义，讨论地理课堂教学设计需要考虑的主要因素。

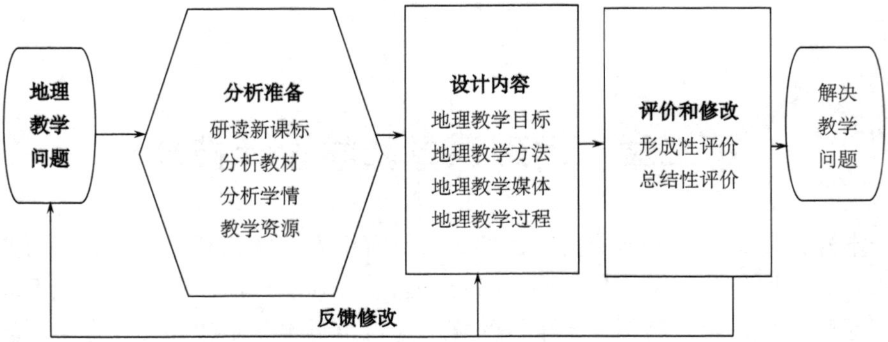

图 2-1　地理教学设计模式

二、地理课堂教学设计的流程

（一）研读课程标准

地理课程标准是国家地理课程的纲领性文件，是国家对地理基础教育课程的基本规范和质量要求，它规定了地理课程的课程性质与基本理念、学科核心素养与课程目标、课程结构、课程内容、学业质量标准、实施建议，是关于教学的指导性文件。学习、研究地理课程标准对教师全面了解中学地理教学结构、内容、要求，明确每节课的教学目标等具有十分重要的作用。课程标准提出了面向全体学生，又针对学生不同需要的学习基本要求。下面以高中必修课程《地理 I》的内容标准进行研读。

> 【内容标准】（2016 修订版）
>
> 1.1 运用资料，描述地球所处的宇宙环境，说明太阳对地球的影响。
>
> 1.2 运用示意图说明地球的圈层结构。
>
> ……　……
>
> 【学业要求】
>
> 学习本模块之后，学生能够：运用地理信息技术和其他地理工具，观察、识别、描述、解释与地貌、大气、水循环、海水、土壤等有关的自然现象，具有一定的运用实验、考察、调查等方式进行科学探究的意识和能力（地理实践力）；运用地球科学的基础知识，理解自然现象之间的关系、变化过程和规律（综合思维），以及自然环境与人类活动之间的联系（人地协调观），并能合理描述和解释特定区域内的自然现象（区域认知）。

内容标准由核心内容、行为目标、状语修饰等组成。例如，“运用资料，描述地球所处的宇宙环境，说明太阳对地球的影响”，核心内容是“地球所处的宇宙环境、太阳对地球的影响”，行为目标是“描述环境、说明影响”，“运用资料”为状语修饰。

对该条标准的解读：

（1）能够分析“地球宇宙环境”的相关资料，如宇宙、星系，太阳系及其成员——太阳和八大行星的主要特征及其数据等。

（2）“描述”，即描写叙述，对事物进行形象化的述说；“环境”，即周围事物境况。“描述地球所处的宇宙环境”即用形象的语言，从宇宙空间的角度，对地球周围事物（天体、天体系统）进行形象的述说。

（3）“说明”，即解释清楚；“影响”，包括正反两个方面。“太阳”，突出对地球产生影响的太阳特征；“地球”主要指地球环境，包括自然环境和人文环境。“说明太阳对地球的影响”，即解释清楚太阳辐射、太阳活动对地球自然环境（地貌、大气、水、生物等）和人文环境（人类的生产和生活）的有利和不利影响。

【技能训练】每组任选一条课程内容标准，对其进行研读。

> 内容标准：
> 解读：（1）
> （2）
> （3）
> ……

（二）分析教材

地理教材是地理教学过程中，教师用来协助学生达到教学目标的各种信息材料。分析教材是设计课堂教学、制订符合国家地理课程标准和教学新理念的有效教学方案的前提和基础，也是实现教学目标的关键步骤。现行的中学地理教材有多个版本，高中地理教材主要有：湘教版、人教版、中图版、鲁教版等。无论哪个版本的教材，均是依据课程标准进行编写的，各有优劣，因此教师应以选定的教材为依据，适当参考其他版本的教材，进行内容的整合，设计课堂教学。

以高中地理教材为例，湘教版的突出优势是与课程标准吻合度高，但是内容不够系统；而人教版内容系统较好，中图版的图像系统较优。因此，可以以湘教版教材为主，适当参考人教版和中图版的内容和图像，达成教学目标，较好地完成教学任务。

【技能训练】以小组为单位，选择高中必修课程《地理Ⅰ》（湘教版）中的任一课题，参照案例 2-1 的格式，对教材进行分析。

> 案例 2-1：“水循环”教材分析。
>
> 课题：水循环
> 课标：运用示意图，说出水循环的过程和主要环节，说明水循环的地理意义。

教材分析：

1. 教材地位

水循环是水环境的基础内容，是自然界四大循环（地壳物质循环、大气循环、水循环、生物循环）之一，各自然要素正是通过这四大循环联系在一起的。本节内容是在学习地壳物质循环、大气循环之后安排的，而生物循环主要从属于生物学科，因此通过本节内容的学习，学生可以实现对自然地理各要素关系的整体把握，体会自然地理学的核心理念——“自然地理系统中物质和能量的交换与循环过程，以及由此形成的各自然地理要素之间的相互制约关系”。综合这三大循环，为学习下一单元内容——自然地理环境整体性与差异性做充分的准备。

2. 教材处理（依据标准，结合教材，整合课程资源）

本节课的核心内容：水循环过程与环节。

教材以高度概括的语言介绍水循环含义及其影响（地表物质大规模运动，塑造多种地表形态），而后介绍水循环的基本地理意义“能量交换与物质运动”。其余的篇幅为阅读材料与活动探究，阅读材料以“黄河输沙造陆”说明水循环对地表的塑造，活动探究内容包括绘制水循环示意图、讨论水资源特点、调查河流特征（某一环节的细化——专门安排2课时，进行地表、地下径流特征的分析）。

依据课程标准，本节课的学习需要整合的课程资源还有：学生现有的知识水平及能力——水的三态变化、地球水体类型知识、示意图的基本读图方法等。

——该案例由河北正定中学李巧娥提供

（三）分析学情

美国著名教育心理学家奥苏伯尔（AuSubel）在《教育心理学：认知观点》一书的扉页上写道：“假如让我把全部教育心理学仅仅归纳为一条原理的话，那么，我将一言以蔽之：影响学习唯一最重要的因素就是学生已经知道了什么，要探明这一点，并据此进行教学”。这段话说明了研究学生学习基础、分析学情，是教学设计是否合理、课堂教学是否有效的核心因素。学情分析需要注意以下几个方面。

1. 学生原有的知识基础

课堂教学中，学生已获得的知识和水平对新知识的学习有重要影响。例如，讲授“季风的成因”时，气压与风、地球上气压带风带的分布、地球自转偏向力、海陆热力差异等都是必备的知识，否则，很难理解季风的成因。为此，教师讲课前应对全班学生的学习情况进行调查，对学生以前和其所学知识的掌握情况有个综合研究，了解每个学生的基础情况。

另外，教师还要了解学生掌握的其他相关学科知识的状况。学生掌握的物理、化学、生物等知识的状况对于地理学科知识的学习有一定的影响。例如，海陆气温差异的原因、影响降水分布的因素都与物理知识有关；气压带与风带的形成与物理知识又有必然联系；赤道周长的计算、比例尺的计算与数学知识有关；酸雨的形成与化学知识相关等。教师在教学中可适当地引导学生回忆已学过的其他各科知识，以帮助其理解原理。

2. 学生现有的认知能力

地理教学中问题的设计、问题的难度、问题提出的方式和解决问题的方法等，要符合学生的身心发展规律和现有的认知能力。难度过低，学生会失去对所学地理知识的兴趣；难度过高，学生会对所学的地理问题产生为难情绪，难以实现教学目的。

3. 学生的生活背景

农村与城市环境的差异，使得农村与城市学生的生活经验、思想活跃度等存在明显不同，大城市与小城市这些方面也有不同。另外，不同家庭背景下长大的孩子也存在差异。

4. 班级整体氛围

不同班级因多方面因素影响，学习习惯、学习成绩（知识基础）等可能存在差异。因此，这些也是教学设计需要适当考虑的方面。

案例 2-2:“河流的综合开发”节选（周庆）。

学情分析

（1）从知识储备的角度看，学生对于以长江为范例的河流开发问题并不陌生，但对于本节案例中的美国田纳西河流域并不太熟悉，要结合河流的水文特征分析，帮助学生综合认识田纳西河流域的整体特征，这是上好本节课的关键。

（2）用对比的方法，将长江流域综合开发的具体措施迁移到田纳西河流域，能够帮助学生加深对本节课的理解，还可以提高课堂容量和知识密度，使课堂更加“理性”。

（3）本节课的教学对象是高二文科生，地理是他们的高考科目，学生自学能力强，重视程度高。我一直强调学生预习，通过预习，他们已经基本上了解了教材，课堂教学的关键是让他们更加条理化地、一步到位地深刻理解河流综合开发的基本途径。

（4）我校学生知识水平相对较高（高考平均分在 75~85 分），可在教材基础上进行适当的拔高，以达到较好地解答相关高考题的水平……

【课后作业】以小组为单位，通过文献阅读整理初中和高中学生的学习特征差异。这些差异，对进行地理教学设计的启发是什么？

（四）教学资源

教学资源是为教学的有效开展提供的素材等各种可被利用的条件，通常包括教材、案例、影视、图片、课件等，也包括教师资源、教具、基础设施等，还包括学生的个人经验，广义的也应该涉及教育政策等内容。教师可以通过资源整合教学，提高学生分析问题和解决问题的能力，达到培养学生创新精神和探索精神的目的。

案例 2-3：教师是激发学生兴趣的首要课程资源。

王某毕业后分到了一所省属重点中学，被安排担任初中一年级两个班级的地理教师，教学任务并不重。她很快就发现，由于中考不考地理，学生们学习地理的热情不高，甚至在地理课上偷偷写其他学科的作业。“这让我有点沮丧”，她拿着这个问题问其他的老师，有的老师说，他们认为地理没用，也没意思，所以就不听！“怎么会没用呢？我们日常生活中很多事情都跟地理有关，而且这些事情也很有趣啊！”老师笑着说：“你知道，可是他们不知道，所以你要让他们知道。”

“我要让他们知道！”为了这句话，她想了很多办法。首先，提高地理课堂的趣味性。她通过报刊、杂志、电影等各种途径搜集孩子们感兴趣的地理知识，在课上通过讲故事、设置悬念、课堂活动等形式，提高学生的兴趣和课堂参与度。慢慢地学生上课不写其他学科的作业了，把地理课当成享受乐趣的过程，跟着她的思路走。其次，让学生们认识到地理知识的有用性。初一的孩子们年龄都不大，生活阅历非常少，她就拿出几节课的时间，专门与同学们分享生活中的地理知识，从昼夜四季变化到房屋朝向，从天气预报到唐山大地震，孩子们表现出了极大的学习热情。趁热打铁，她又将生活中的地理知识引入地理学习中，让孩子们明白，学习地理不仅是为了考试，更重要的是能在生活中运用地理知识解决实际问题。

事实证明，这些努力没有白费。坚持一年以后，她的学生地理成绩突飞猛进，地理课堂的气氛也十分活跃。

——本案例由河北师范大学田家炳中学姜正茏提供

参与评价

有人说，教师是首要的课程资源，教师不但决定着课程资源的鉴别、开发、积累和利用，而且其自身的知识储备、对教学和学生的热爱，以及人格魅力都是宝贵的课程资源。结合案例，说明该观点的重要意义，谈谈你将如何开发自身的教学资源。

第二节　地理课堂教学目标设计

一、地理课堂教学目标设计概述

北京师范大学王民教授指出“教学目标是教学活动的出发点和归宿，在教学过程中制约着教学策略设计和教学评价设计，起着提纲挈领、纲举目张的作用。”可见，明确、具体、科学合理的教学目标是上好一节课的重要一环。

（一）什么是教学目标

程达的《教学目标论》（湖南教育出版社）对教学目标做了阐述，教学目标是指“与教学或训练有关的，而并非与教育有关的目标，也称行为目标”。

课堂教学目标是教学活动预期达到的结果，是教育目的、教学目标和课程目标的具体化，也是教师完成教学任务所要达到的要求和标准。

【相关资料】高中地理课程目标

高中地理课程是落实“立德树人”根本任务的重要载体，其目标是培养学生的地理核心素养。通过此课程的学习，学生能够：

（1）正确看待地理环境与人类活动的相互影响，以及两者相互影响的不同方式、强度和后果，理解人们对人地关系认识的阶段性表现及其原因，高度认同人地协调对持续发展具有的重要意义，形成尊重自然、和谐发展的态度。

（2）从多个维度对地理事象进行分析，认识各要素之间相互作用的关系，并在一定程度上解释其发生、发展的过程，从而较全面地观察、分析和认识地理环境特点，辩证地看待地理问题。

（3）形成从区域视角认识地理事物和现象的意识，对地理事象的空间格局有敏锐的观察力，并运用区域综合分析、区域比较、区域关联等方法认识区域，具备简要评价区域发展的能力。

（4）自觉将书本知识与实践相结合，在各项地理实践活动中，积极思考，勇于探索，并具备从实践活动主题的确定、方案的策划，到具体行动等一系列较强的执行力。

（二）地理课程目标与地理课堂教学目标的区别与联系

地理课程目标：由国家规定的地理学科教育应该达到的基本要求，是地理课堂教学目标的上位概念，是地理课堂教学目标制订的依据和指导，其要求是概括和宏观的，其描述则是笼统和抽象的，如“使学生获得可发展的基础知识、技能和能力”，因而难以测量。

地理课堂教学目标：是地理课程目标的下位概念，是由每一位地理教师制订的，是对学生一堂课后必须达到的学习结果的一种规定，一般采用具体的行为动词来描述，如“学生能在地图上读出广州的经纬度位置”，因此，它是可测量的。课堂教学目标比课程目标更具体，是课程目标在具体的教学过程中的体现。在某一学科的课堂教学中，教师需要根据课程目标和具体的教学内容来确定详细的教学目标以便选择教学内容和确定教学效果（图 2-2）。

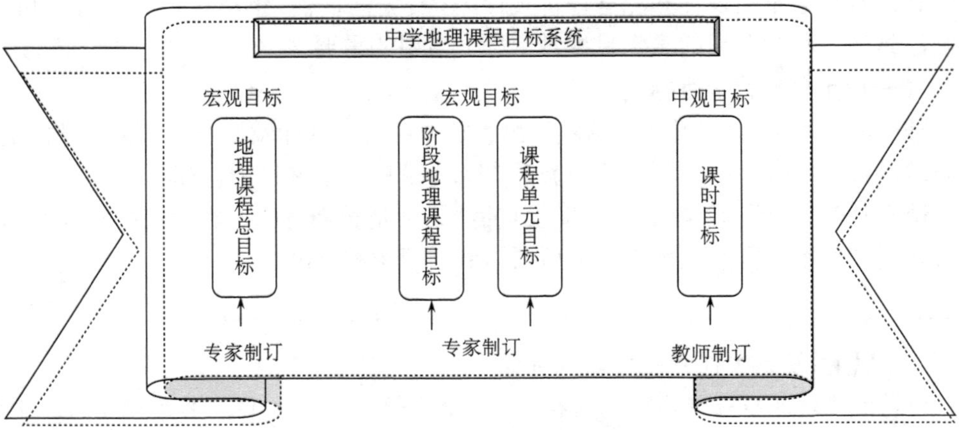

图 2-2　中学地理课程目标系统

（三）教学目标的功能

> 案例 2-4：上好一节课最重要的一步是什么。
>
> 在一次地理教学论课堂讨论中，老师问：“你们认为上好一节课最重要的一步是什么？”学生有的说是解读课程标准，有的说是熟悉教材内容，有的说是分析学情，有的说是先写好教案。大家观点不一，都觉得自己说的有道理。这时有学生问老师：“老师，到底上好一节课最重要的一步是什么呢？”老师微笑着说：“大家想一想，对确定教学内容、选择教学方法、设计教学过程起指引和导向作用的是什么？”“哦，我明白了，应该是教学目标对不对？”“对”。老师接着说：“只有教学目标明确了，才能组织教学内容，依据目标要求合理整合教学资源，选择合适的教学方法，实施教学过程。同时，有了教学目标，我们才能对教学效果进行评价。”

【思考与讨论】以小组为单位，试着从案例 2-4 中总结地理教学目标的作用。

二、地理课堂教学目标的构成

高中课程标准规定，具体的学科目标都应包括三个方面的内容：知识与技能，过程与方法，情感、态度与价值观。

（1）知识与技能，即每门学科的基本知识和基本技能，立足于让学生学会，是教学的基础目标，属于了解、理解、应用、模仿、操作、迁移层次。

（2）过程与方法，即让学生了解学科知识形成的过程、“亲历”探究知识的过程，学会发现问题、思考问题、解决问题的方法，学会学习，形成创新精神和实践能力等，立足于让学生会学，是教学的关键目标，属于经历（体验）、感知、探究层次。

（3）情感、态度与价值观，即让学生形成积极的学习态度、健康向上的人生态度，具有科学精神和正确的世界观、人生观、价值观，成为有社会责任感和使命感的社会公民。

教学目标是一个整体，是知、情、行的有机统一。其中，“知识与技能”是教学的基础目标，是对学生学习结果的描述，即学生通过学习所要达到的结果，又叫结果性目标。这种目标一般有三个层次的要求：学懂、学会、能应用。“过程与方法”是教学的关键目标，是学生在教师的指导下，获取知识和技能的程序和具体做法，是过程中的目标，又叫程序性目标。这种目标强调三个过程：做中学、学中做、反思。“过程与方法”是实现“知识与技能”目标的载体，是学生获得知识，形成技能的方法和过程。“情感、态度与价值观”是终极目标。

三、教学目标的表述

（一）教学目标表述中常见的问题

教学设计中，教学目标的表述常常存在以下问题：目标体系不完整，偏重认知目标；目标层次不合理，过高或过低；错把教师的教学活动作为教学目标；对学生学习行为的表述缺乏可观察性和可测量性；表述简单、空泛或过于繁杂等。

【思考与讨论】指出以下案例“教学目标表述”上存在的主要问题。

案例	存在的问题
案例 2-5：“城市化”一节的教学目标设计。 （1）了解城市化的三个主要标志 （2）了解世界城市化的进程 （3）理解发达国家与发展中国家城市化的不同特点和原因	
案例 2-6：“中国的人口”一节的教学目标设计。 （1）了解我国人口众多，是世界上人口最多的国家 （2）记住我国人口分布不均，东南多，西北少 （3）了解我国农村人口比重大，城镇人口比重小的特点	
案例 2-7：“美国”一节的教学目标设计。 通过教学，使学生了解美国的移民结构，并在地图上指出美国的专业化区	
案例 2-8：“理解水循环过程”“掌握板块构造学说及其运用”“学会观察等高线地形”等。	

（二）几种常见的教学目标的表述方式

1.“ABCD”模式表述方法——行为目标表述法

一个规范的教学目标包括四个要素。为了便于记忆，把编写教学目标的基本要素简称为 ABCD 模式。

（1）对象（A，audience），指学生。行为目标描述的应是学生的行为，而不是教师的行为。规范的行为目标的开头是“学生能……”。

（2）行为（B，behavior），目标中的最基本成分。动宾结构的短语陈述行为（表 2-1）。行为动词+动作对象，如“能说出天气与气候的区别”。

表 2-1　中学地理学科教学目标表述中常用的行为动词表

	目标分类	行为水平	行为动词
结果性目标	知识	了解	说出、描述、举例、表述、简述、回忆……
		理解	排列、辨认、区别、比较、举例说明、归纳、判断、预测、收集、整理、分析、概述（括）、解释、阐述、选择、鉴别……
		应用	运用、应用、评估、评论、计算、质疑、辩护、设计、撰写、修改……
	技能	模仿	模仿、再现、例证、临摹、重复……
		操作	测量、测定、操作、查阅、计算、试验……
		迁移	联系、转换、灵活运用、举一反三、触类旁通……
体验性目标	过程与方法	经历	经历、尝试、验证、参加、体验……
		感知	领会、解释、说明、认识……
		探究	运用、掌握、能、会、有……
	情感、态度与价值观	体验	参加、参与、寻找、尝试、交流、考察、接触、体验、观察、探究……
		反应	遵守、拒绝、接受、同意、反对、讨厌、关心、关注、怀疑、摒弃……
		领悟	形成、养成、热爱、树立、建立、追求、坚持、保持……

（3）条件（C，conditions），指产生行为的条件，即评定学习结果时的约束因素。对条件的表述有四种类型：①使用辅助手段，如“通过观看地理景观图，说出……”；②提供信息或提示，如“在中国行政区划图中，能……”；③时间的限制，如“在 10 分钟内，找出……”；④完成行为的情景，如“在课堂讨论时，讲述……”。

（4）标准（D，degree）,指评定行为的最低依据，或学生应达到的最低水准。

按“ABCD”模式可以编写如下地理课堂教学目标：学生（对象 A）能用手势或地球仪（条件 C）演示（行为 B）地球自转的方向（标准 D），准确说出（行为 B）地球自转一周所需要的时间（标准 D）。

【评价】行为目标陈述法虽然摆脱了传统目标陈述模糊的弊端，但也有其缺陷：注重可观测的外部行为，而忽视了反映内心活动的心理过程，极易导致教师只注重学生外在行为表现，而不注重学生心理的发展，最终回到重认知轻情意、重结论轻过程的老路。

2. 内部过程与外显行为相结合的表述方法

学习的实质是内在心理的变化，教育的真正目标不是具体行为的变化，而是内在能力和情感的变化。

> 案例 2-9："理解三圈环流原理"（全球气压带、风带的分布和移动）。
>
> （1）说出三圈环流的含义。
> （2）对照三圈环流示意图，描述三圈环流的形成与运动过程。
> （3）能用三圈环流原理解释三风四带的形成。
> （4）能举出生活中的实例，说明三圈环流的地理意义。

【点评】"理解"为反映内在心理的非外显动词，"说出""描述""解释""说明"四个行为动词都可测量学生行为，从而检测学生是否达到"理解三圈环流原理"这一目标。

3. 表现性目标表述法

主要是针对情感领域目标提出的，可作为对教学目标具体化的一种可能补充。注重的是学生在活动中表现出来的反应形式，而不是事先规定的结果，它是开放性的，只为学生提供活动的领域和主题，而不是预先规定学生完成任务后必须获得某种行为（表 2-2）。

表 2-2　情感目标可供选用的动词表

目标层次	特征	可参考选用的动词
接受或注意	愿意注意某事件或活动	听讲、知道、看出、注意、选择、接受、赞同、容忍
反应	乐意以某种方式加入某事，以示做出反应	陈述、回答、完成、选择、列举、遵守、记录、听从、称赞、欢呼、表现、帮助
评价	对现象或行为做出价值判断，从而表示接受、追求某事，并表现出一定的坚定性	接受、承认、参加 、完成、决定、影响、支持、辩论、论证、辨别、区别、解释、评价
组织	把许多不同的价值标准组成一个体系并确定它们的相互关系，建立重要的和一般的价值观念	讨论、组织、判断、使联系、确定、建立、选择、比较、定义、系统阐述、权衡、选择、制订计划、决定
价值与价值性格化	能自觉控制自己的行为，并逐渐发展为性格化的价值体系	修正、改变、接受、判断、拒绝、相信、继续、解决、贯彻、要求、抵制、认为、以致、正视

4. 三种表述方法相融合，结合具体内容灵活采用合理的表述方式

坚持"易简则简，该繁则繁"的原则：①行为目标表述法，可省略行为主体；②内外结合表述法，可删除总目标和高级情感认知目标，尽量详细描述行为（活动）

条件，使目标情景化，过程化；③表现性目标表述，明确应参加的活动，希望达到的预期结果。

> 案例 2-10：北方地区和南方地区。
>
> （1）能够说明“秦岭—淮河”一线是划分我国东部北方地区和南方地区的界线；通过阅读北方地区和南方地区地形图，归纳北方和南方地区主要的自然地理特征。
>
> （2）通过角色扮演，感受南方和北方居民不同的生活习惯和地域文化；体会我国南、北方人民的智慧和人地关系的协调和谐之美；学会与人合作、交流，并用合适的方式表述自己的看法。
>
> （3）通过对北方地区与南方地区的对比学习，体会区域地理学习的基本方法——比较法、归纳法。

【思考与讨论】 案例 2-10 中教学目标的表述运用了哪些方法？

第三节　地理课堂教学方法的优选

何克抗教授在《教学系统设计》中对教学方法的表述是：“教学方法通常是指为达到既定的教学目的，实现既定的教学内容，在教学原则指导下，借助一定的教学手段而进行的师生相互作用的活动方式和措施，既包括教师教的方法，也包括学生学的方法，是教法与学法的统一”。

一、教学方法的主要类型

不同的教学模式下，教学方法千差万别。

（1）突出教师主导地位的讲授式教学方法。表现为教师主要运用语言方式，系统地向学生传授科学知识，传播思想观念，发展学生的思维能力，发展学生的智力。具体实施形式有讲解法、谈话法、讨论法、讲读法、讲演法等。这一教学方法要求教师的教学语言清晰、精练、准确、生动；教师教学过程中善于设问解疑，激发学生的求知欲望和积极的思维活动。

（2）突出学生主体地位的问题探究式教学方法，又称发现法。需要教师创设情境，由教师或教师引导学生提出问题，通过教师组织和指导下的学生相对独立地探究和研究活动，得出问题结论而获得知识。具体实施形式有：问题启发教学法、探究教学法、发现教学法等。这一教学方法中，问题是课堂的载体与核心，学习活动要围绕问题展开，因此创设一个有利于学生进行探究发现的教学情境，选择和确定探究的问题（课题）是关键。

（3）突出学生自主地位的协作式学习的教学方法。是“学习者以小组形式参与，为达到共同的学习目标，在一定的激励机制下为获得最大化个人和小组学习成果而合作互助”的一种教学方法（分组合作法）。

（4）训练与实践模式下的教学方法。表现为通过课内外的练习、实验、实习、社会实践、研究性学习等以学生为主体的实践性活动，使学生巩固、丰富和完善所学知识，培养学生解决实际问题的能力和多方面的实践能力。具体实施形式包括：练习法、实验法、社会实践法、研究性学习法，也有观点把这一教学方法分为示范法、模拟法、项目法。无论怎样划分，这一教学方法都侧重于学生的亲身体验与动手操作，与现实生活相对贴近，有利于学生兴趣的提升，但这一方法受客观条件限制，在地理课堂中只有部分的课题适用。

（5）基于现代信息技术的教学方法。现代信息技术的飞速发展，对教学活动的影响也非常深远。依据不同类型媒体的呈现方式，结合知识特点，有选择地采用视觉媒体、听觉媒体、视听媒体和交互媒体等。现代信息技术在教学过程中，通过不同类型的媒体可以实现再现、集成、交互、虚拟等功能，以辅助地理课堂教学。地理学科的时间与空间的大跨度，通过不同的媒体可以实现直观、形象的展示。

二、教学方法的选择

教学方法繁杂多样，在一节课的教学过程中，过多教学方法的运用反而会干扰正常教学活动，一般一个课时的教学活动采用 2~3 种教学方法较为恰当。这就要求在进行教学设计时，合理选择教学方法。

（1）依据教学目标选择教学方法。不同领域或不同层次教学目标的有效达成，要借助于相应的教学方法和技术。教师可依据具体的可操作性目标来选择和确定具体的教学方法。

（2）依据教学内容特点选择教学方法。不同学科的知识内容与学习要求不同；不同阶段、不同单元、不同课时的内容与要求也不尽一致，这些都要求教学方法的选择应具有多样性和灵活性的特点。

（3）依据学生实际特点选择教学方法。学生的实际特点直接制约着教师对教学方法的选择，这就要求教师要科学而准确地分析学生的上述特点，有针对性地选择和运用相应的教学方法。

（4）依据教师的自身素质选择教学方法。任何一种教学方法，只有适应了教师的素养条件，并能为教师充分理解和把握，才有可能在实际教学活动中有效地发挥其功能和作用。因此，教师在选择教学方法时，还应当根据自己的实际优势，扬长避短，选择与自己最相适应的教学方法。

（5）依据教学环境条件选择教学方法。教师在选择教学方法时，要在时间条件允许的情况下，最大限度地运用和发挥教学环境条件的功能与作用。

综合多方面因素，选择好教学方法之后，教师还应当根据具体教学，对所选择的教学方法进行优化组合和综合运用，但无论采用哪种方法，都要以启发式教学思想作为运用各种教学方法的指导思想，实施过程中还必须充分关注学生的参与度。

常言，教学有法、教无定法、贵在得法，因此教学方法的选择不能教条，一定要考虑课堂的变化与生成，随机应变，灵活运用。

【技能训练】结合自身特质，针对某一乡镇中学的初二学生，选择“海陆分布”一节课的教学方法。

第四节　地理教学方案的编制

一、地理教学方案编写的流程

第一步，确定地理教学课题（地理教学问题）。

课标或教材的一个问题或一节，落实在课堂教学的时候，内容或多或少，不一定正好是一个课时的任务，需要依据内容的多少，做简单的整合，确定恰当的课时。如“阐述太阳对地球的影响”可安排一个课时，“分析地球运动的地理意义”则需要安排三个或四个课时。

第二步，分析与解读课程标准。

第三步，分析学习内容与学生学习需求。

第四步，整合课程资源。

结合课标与教材，确定好课题之后 ，为了很好的完成教学任务，达成基本的教学目标，需要在分析课本与教材的基础上，发现身边有利于教学任务的现象、实例，或其他学科知识，或新技术等，结合对学情的分析，对课题内容进行有机整合。

第五步，确定教学目标。

第六步，明确重点和难点。

第七步，选择教学方法。

第八步，选择教学媒体。

第九步，设计教学过程。

第十步，教学过程（流程）的编写与修改完善。

综合以上分析之后，采用恰当的呈现方式，编写教学过程；利用编写好的教学过程，模拟课堂教学流程，推测教学效果，对教学过程进行反复修改完善。

对教学过程的修改与完善，要分析：

（1）课前教学设计中，预期的（知识、技能、情感）教学目标是否能达到？

（2）采用的教学方法和手段是否适合（这些）学生？是否达到了最佳效果？需要进行怎样的改进？

（3）教学难点设置是否准确？应当如何修正和改变？

（4）突出教学重点的方法是否恰当？选择突破教学难点的方法能否达成目的？

（5）推测教学过程中可能会出现的问题，如何应对？

二、教学方案的基本内容与格式

<table>
<tr><td>学校</td><td></td><td>教师</td><td></td><td>授课班级</td><td></td><td>授课时间</td><td></td></tr>
<tr><td>章节</td><td colspan="7"></td></tr>
<tr><td>课题</td><td colspan="7"></td></tr>
<tr><td>教学目标</td><td colspan="7"></td></tr>
<tr><td>教学重点</td><td colspan="7"></td></tr>
<tr><td>教学难点</td><td colspan="7"></td></tr>
<tr><td>教学方法</td><td colspan="7"></td></tr>
<tr><td>教学媒体</td><td colspan="7"></td></tr>
<tr><td colspan="8">教学过程</td></tr>
<tr><td>时间分配</td><td>教学主要环节</td><td colspan="3">教师教学行为
（组织、提问、讲授、板书、演示、播放、转播、指导、引导、讲解、布置、展示、巡视、检查、记录、登分、解释、听取、询问、操作……）</td><td colspan="2">学生行为
（就座、安静、回答、听讲、思考、观察、分析、讨论、看书、观看、见习、动手、操作、实习、体验、叙述、回忆、对比、解释、说明……）</td><td>设计理念</td></tr>
<tr><td></td><td>新课导入
新课展示</td><td colspan="3"></td><td colspan="2"></td><td></td></tr>
<tr><td>板书设计</td><td colspan="7"></td></tr>
<tr><td>运用练习</td><td colspan="7"></td></tr>
<tr><td>教学反思</td><td colspan="7"></td></tr>
</table>

【教学设计示例】

"大气环流"（第 2 课时）教学设计。

1. 课时内容及课标要求

（1）课时内容：全球气压带、风带的分布、移动规律。

（2）课程标准要求：绘制全球气压带、风带分布示意图，说出气压带、风带的分布、移动规律。

（3）依据课标，内容具体化：①全球性大气环流的含义；②气压带、风带的形成——三圈环流的形成过程分析；③气压带、风带的分布及移动规律。

2. 学生需要具备的基础知识与能力

（1）基础知识：地球纬度的划分、不同纬度受热不均匀、热力环流的形成原理、大气的水平运动原理。

（2）基本能力：简单示意图的绘制与分析能力。

3. 教学目标（知识与技能，过程与方法，情感、态度与价值观）

（1）学生能利用已学原理绘制三圈环流图。

（2）学生能用"热力环流的原理"，结合多媒体动画，说出全球性大气环流的形成过程和近地表气压带、风带分布。

（3）学生能利用"气压带、风带分布图"，归纳气压带、风带的空间分布规律；能依据大气受热状况的季节变化，分析在其影响下气压带、风带位置的变化，归纳气压带、风带的时间移动规律。

（4）形成"因时、因地"、具体问题具体分析的思维意识。

4. 教学重、难点

重点：气压带、风带的分布、移动规律。

难点：气压带、风带的形成，特别是动力气压带的形成。

本节从热力环流的原理出发，通过示意图分析、逻辑推理等方法，从简单到复杂，由一般到特殊，逐步帮助学生突出重点、突破难点。

5. 教学方法

讲授法、绘图析图法、图像转化对比法、练习巩固法。

充分利用上一课时的知识准备——大气运动最简单的形式"热力环流"，进行理想状态的假设，使问题由简单到复杂，加深学生对知识的理解。

6. 教学过程（1 课时）

<table>
<tr><th>教师传递出的信息</th><th>教师指导学生完成的部分</th><th>备注（教师点拨）</th></tr>
<tr><td>海陆之间受热不均形成海陆风，山顶和谷地受热不均形成了山谷风，城市的热岛效应形成了城市热力环流，试想：地球上赤道与两极地区的受热差异会产生什么现象？</td><td>1. 绘制赤道与两极地区大气的热力运动状况。

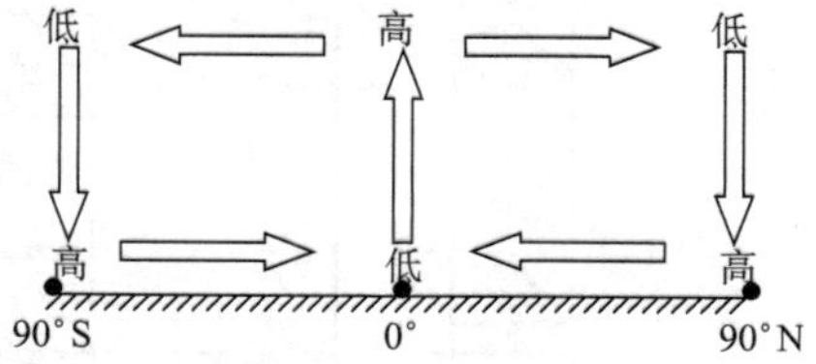

图 2-3　不考虑外力影响的赤道与两极的热力环流</td><td>结合大气水平运动的原理，从图 2-3 所示的运动形式分析单圈环流需要具备的条件。</td></tr>
<tr><td>赤道与两极地区的近地面和高空能够形成如图 2-3 所示的运动形式（风）吗？为什么？</td><td>图 2-3 环流条件（假设）：
（1）没有地转偏向力——地球不自转。
（2）受热最多地区位于赤道上——黄赤交角为零或地球没有公转运动。
（3）由赤道到两极无障碍——地表性质单一。</td><td></td></tr>
<tr><td>自然地理系统中物质和能量的交换与循环过程，形成各自然地理要素之间的相互制约关系，形成了复杂的地理环境。为了更好地分析、研究问题，提出假设，简化条件，进而理解原理。

思考：
（1）三圈环流形成过程中，30°N 附近的高气压带与 90°N 附近的高气压带成因是否相同，为什么？两个低气压带呢？
（2）极地高气压带在地球上是呈带状分布吗？
（3）各气压带、风带的性质分别是什么？（从冷暖、干湿分析）
（4）风的特征除从性质角度分析外，一般还要分析其什么特点？气压呢？</td><td>2. 绘制地球不停地自转运动、地表性质均一情况下，水平气压梯度力与地转偏向力共同影响下形成的三圈环流（以北半球为例，图 2-4）。

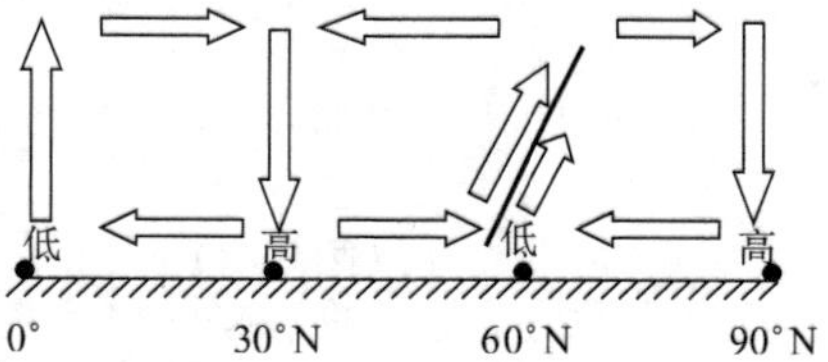

图 2-4　北半球三圈环流

3. 将近地面的气压、风的形势绘于平面图中，如图 2-5 所示。

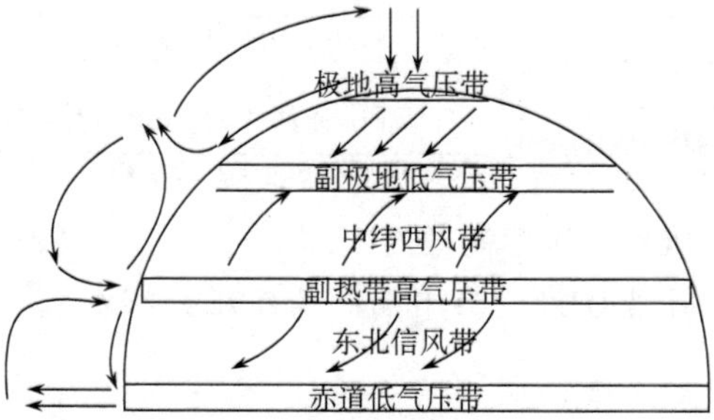

图 2-5　三圈环流平面图

4. 思考题答案：
（1）赤道与两极的气压带为冷热不均形成的热力气压带；副热带与副极地的气压带为“被迫”形成的动力气压带。
（2）不是，呈面状分布于极地地区。
（3）赤道低气压带：湿热。副热带高压带、低纬信风带：干热。中纬西风带：温湿。副极地低气压带：冷湿。极地高气压带与极地东风带：冷干。
（4）风：风力、风向。气压：高、低。</td><td>逐步增加条件，引导学生考虑：
（1）地球自转运动条件下大气的运动状况。
（2）地球公转运动条件下大气的运动状况。
（3）现有海陆分布状况条件下大气的运动状况
…………

动力气压带具有不稳定性，因海陆热力性质的差异，在陆地上形成的热力气压中心会对这两个气压带产生干扰。（下一课时内容）</td></tr>
</table>

因黄赤交角的存在，地球公转运动时，产生了太阳直射点在南北回归线之间以一年为周期的往返移动，使获得太阳辐射最多、气温最高的地区因季节而变化（图 2-6）。这种现象影响下，近地面的气压带和风带分布状况会发生怎样的变化？

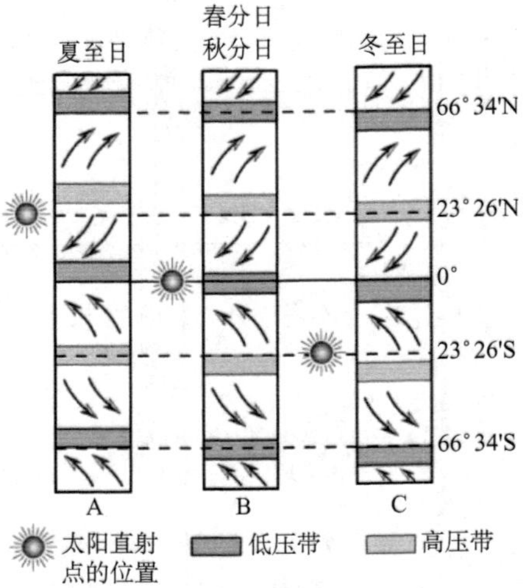

图 2-6　太阳直射点移动示意图

归纳气压带风带的移动规律，关注移动方向与控制的纬度范围。

7. 板书设计：

气压带、风带分布与移动规律

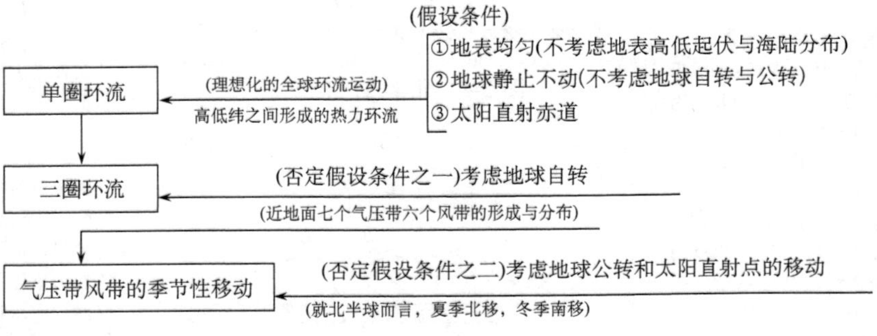

课堂练习：（2008 年江苏高考题）

图 2-7 为“某月沿 0°经线海平面平均气压分布图”。读图回答 1～2 题。

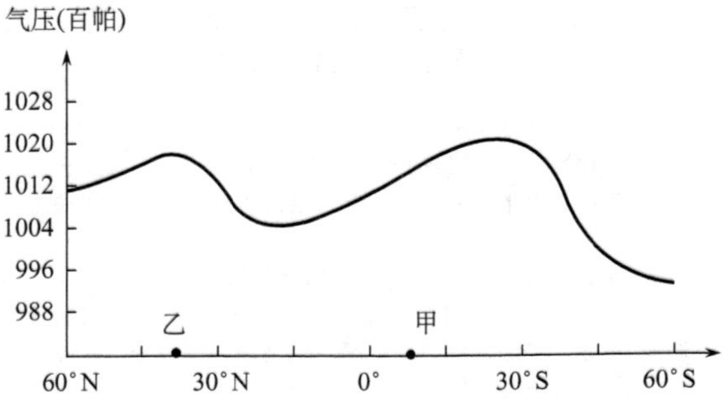

图 2-7　某月 0° 经线海平面平均气压分布

1. 上述“某月”是（　　）。

A. 1 月　　B. 4 月　　C.7 月　　D.10 月

2. 该月甲地盛行（　　）。

A. 东南风　　B. 东北风　　C.西南风　　D.西北风

课后作业：

1. 图 2-8 为三圈环流的一部分，读图判断下列叙述正确的是（　）。

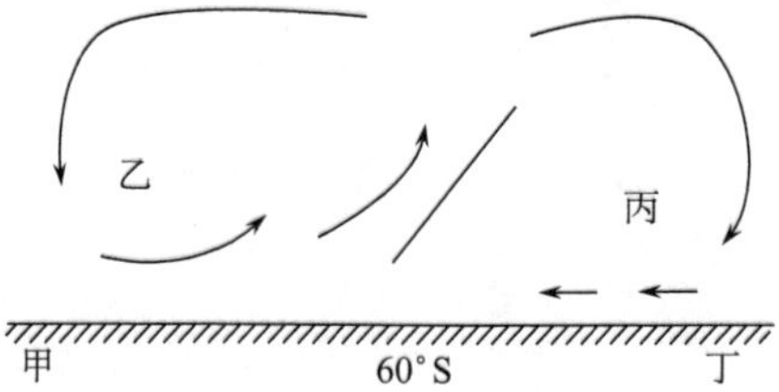

图 2-8　三圈环流示意图

A. 甲是动力型高压，丁是热力型高压

B. 乙是干冷气流，丙是暖湿气流

C. 乙是西南风，丙是东北风

D. 甲是极地高压，丁是副热带高压

2.

3.

4.

5.

……

【展示与评价】

（1）以“洋流”为课题，用“ABCD”行为模式表述教学目标。

（2）以“水循环”为课题，用内部过程与外显行为相结合表述教学目标。

（3）以“农业的区位选择”为课题，用表现性目标表述法表述教学目标。

（4）学情分析：设计“中学生学习地理状况”调查表。

（5）学情分析：根据所给材料运用测试法编制测试卷。

（6）独立编写一份教学设计，在小组内成员互评的基础上，推举出组内的优秀设计，并通过小组讨论进行修改完善；在此基础上，进行小组展示与组间互评。

【唤起关注】理念引领设计，设计指导行动，行动决定结果。

【收获与感悟】

通过本章的学习与训练，我的收获与感悟：

第三章　地理课堂导入技能

俗语有云："良好的开始是成功的一半"，对于课堂教学来说，新课的导入是教学过程的开端。新课导入犹如师生间情感共鸣的第一个音符，是教师谱写教学乐章的优美序曲，是师生心灵碰撞的第一束火花。高效课堂中，精彩的导入就好像钢琴弹奏出的第一个美妙音符，自然而然地吸引着学生的注意力，让地理课堂达到"未成曲调先有情"的最佳境界。富有科学性、艺术性、趣味性的导入技能，是地理师范生必备的教学技能。

【训练目标】

（1）学会设计形式多样、符合要求的导言。

（2）掌握导入语言表达的技巧。

（3）掌握导入评价的方法。

（4）体验教学心理素质的提高过程。

第一节　地理课堂导入技能概述

一、地理课堂导入技能的定义

"导入"在《辞海》中的解释，"导"是指引，带领，启发；"入"为进，由外到内。"导入"一词就包含了两个层面的内容：一是指引和启发；二是使之由外到内。由此延伸到教学领域，地理课堂导入就是指地理教师针对教学目标，在一项新的教学内容和学习过程开始时，采用合适的教学媒体和教学方法，明确该内容的学习目的，贯彻学习要求，开启学生思维，引发学习动机，促使学生进入新课学习的一种教学行为方式。

案例 3-1："向斜和背斜"讲解的导入。

教学内容：湘教版高中《地理Ⅰ》第二章第二节"向斜和背斜"。

导入过程：地理老师拿出一张长方形的纸，双手捏住纸两端，用力往中间挤压。

教师提问：同学们，这张纸发生了怎样的变形？

学生回答：纸弯曲了，有的地方是拱形，有的地方凹下去了。

教师提问：假如这种力很大，不是作用在纸上而是平坦的大地，大地会不会也发生弯曲变形？如果会，大地是如何变形的？带着这些疑问让我们开始这节课的学习。

【课堂活动】阅读案例 3-1，分组讨论，这样的导入有什么好处？还有什么样的建议？

该案例的新课导入的好处是：

我们的建议：

二、地理课堂导入的功能

（一）激发兴趣，引导动机

兴趣，是学生积极探索事物的认知倾向。积极的思维活动是课堂教学成功的关键，而富有启发性的导入则可以激发学生的思维兴趣。地理教师在课堂导入时，通过联系学生的生活实际，以图片、视频、地理故事等多样形式导入，可诱发学生的求知欲，激发学生学习地理的兴趣和动机，增强地理学习的参与度。

（二）引起关注，进入情境

注意，是学生在心理上对于某些事物的指向和集中，是学生对某些事物深入关注的基础。在上课伊始，学生的大脑还处于放松状态，如果教师无法立即有效地将学生的注意力转移到课堂教学情境上来，就会影响后续课堂教学的顺利进行。苏霍姆林斯基指出："如果教师不想办法使学生产生情绪高昂的智力振奋的内心状态，就急于传授知识，那么，这种知识只能使人产生冷漠的态度，而给不动感情的脑力劳动带来疲劳。"所以，一个好的地理课堂导入可以将学生从懒散的状态中拉回到课堂，有效集中学生的注意力，激发学生的学习情感，使学生尽快进入新的课堂教学情境中。

（三）联系实际，促进新旧知识的衔接

课堂导入的设计应围绕教学目标和教学内容而展开，导入旨在帮助学生在已有知识和新知识之间建立联系，为新知识的学习铺垫认知基础。联系学生原有知识基础和具备的已有生活经验的导入，有利于新旧知识间的衔接和新的知识框架的建构，促进知识的迁移。

（四）明确目的，呈现教学目标

教学目标是课堂学习的具体任务，具有明确的指向性和目的性。对于学生而言，目标越明确，学习的指向性就越清晰，学习效果也越佳。在导入新课时，直接或间接地让学生预先明确学习目的，从而激发其内在动机，使其持久地保持注意力，并自觉地控制和调节自己的学习活动，可提高教学效果。

（五）增进了解，和谐师生关系

师生关系是教学过程中的重要关系，师生关系的好坏直接关系课堂教学的有效性。轻松的导入能够营造活泼的课堂教学氛围，调动学生学习的积极性，增加师生间的互动，拉近师生距离，建立和谐的师生关系。

案例 3-2：高中《地理Ⅱ》（湘教版）第四章“人类与地理环境的协调发展”第四节“协调人地关系的主要途径”的教学导入。

（PPT 展示《狼图腾》电影海报）前两年，电影《狼图腾》曾在各大影院热播。一群外来人贪婪地掠夺了狼群储存过冬的黄羊。为了报复人类的贪婪，狼利用冬季风雪和夏季蚊灾的掩护，先后发动了两次大规模偷袭军马群和羊群的战斗。被激怒的外来人不顾蒙古牧民的反对，开始了围猎狼群的战斗。电影描述了狼的生活世界，讲述了“一个人的改变与成长”，呼唤人与自然和谐共存。

【思考与讨论】案例 3-2 中的教学导入，对本节课的教学具有哪些重要的作用？

三、地理课堂导入的原则

优秀的地理课堂导入要根据地理教学内容、教学对象、课堂环境的具体情况进行设计，这样，导入才能如同桥梁联系旧知和新课，如同指针引导学生的思维方向。因此，地理课堂导入应遵循以下几个原则。

（一）目的性原则

首先明确导入的目的，导入是为了使学生尽快进入课堂学习，提高课堂效率。导入的内容与方法要切合中学地理课程标准、教材内容和教学三维目标，导入要服务于课堂教学任务，做到与本课的核心内容相关联。导入还要根据学生年龄特征、教学环境、学校的设施等实际情况设计。否则，导课再精彩也会失去其应有的作用与价值。

（二）启发性原则

导入的启发性，关键在于启发学生的地理思维。通过导入，一方面唤起学生注意力，引发学生思维进入积极状态；另一方面要启迪智慧，做到“导而弗牵，开而弗达”，学生通过对未知的地理事物或现象的学习，激发自身的求知欲和解决问题的思维，促进其对新知识的理解与掌握，以实现知识的迁移和运用。

（三）艺术性原则

导入的艺术性是指导入要有新意，有一定的艺术感染力，能引人入胜，让人倾心以往，产生对未知事物探究的欲望。导入要达到艺术性，首先，导入的设计要与本课知识有关联，不能生搬硬套。其次，导入的语言要科学、准确，学生可理解。最后，导入课程时，可利用生动、幽默的语言把学生深深吸引住，使学生倾心进入新知的学习。

（四）趣味性原则

地理课堂中，如果学生对所学地理内容感兴趣，就会表现出主动、自觉的学习行为。导课的趣味性，并不是指引起学生笑，而是调控课堂教学的气氛，使师生在会心的笑声中达到心灵的交流。地理导课具有趣味性，首先，教师语言要生动形象、幽默风趣。其次，导课方式要新颖。新颖多样的导课方式，让学生有新鲜感。再次，导课素材要新奇有趣。最后，导课素材要贴近学生生活，紧密联系社会热点。

（五）生本性原则

学生是教学的主体，在地理课堂教学导入情境的创设中，地理教师要时刻遵循新课标中所提出的“以人为本”的理念，要全面分析学生现有的知识储备和兴趣爱好等学情因素，导课的设计要符合学生的认识水平、知识基础、年龄特点、心理状态及兴趣爱好的差异程度，这样才能一开始就把学生的思路带入一个新的特定的情境中，让学生产生学习的需求与兴趣。

【课堂活动】阅读案例 3-3，分析该案例遵循了地理课堂导入中的哪些原则？

案例 3-3：湘教版高中《地理Ⅰ》“日期变更线”的教学导入。

导入过程：在多媒体上展示图 3-1。

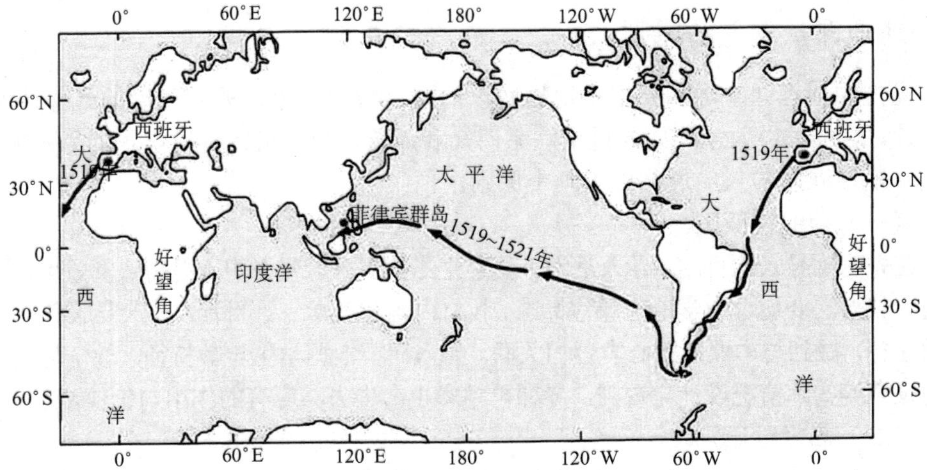

图 3-1　麦哲伦环球探险航线示意图

教师：同学们已经学习过历史了，想必麦哲伦环球的壮举无人不晓，但是他在环球时遇到一个很有趣的问题：麦哲伦船队完成第一次环球旅行回到西班牙后船员们惊奇地发现，航海日志上写着这一天是1522年9月5日，而西班牙的日历上却是9月6日。这是怎么回事？本节课大家就一起来帮麦哲伦把丢掉的这一天找回来。

【思考与讨论】案例3-3遵循的地理课堂导入的原则有哪些？

第二节　地理课堂导入的方法

积极的思维活动是课堂教学成功的关键，而富有启发性的导入则可以激发学生的思维兴趣。课堂教学是一种艺术行为，精彩的导入更是艺术的体现。熟练掌握各种导入方法并且针对学情设计科学恰当的导入，能够开阔学生视野，启发学生思维，开发学生智力，培养学生地理情感，提高地理课堂教学的有效性。

导入有法，但无定法，贵在得法。导入设计应根据教学内容、学生个性差异和教师自身教学风格选择。下面介绍几种比较常见的导入方法。

一、按导入的选材分类

（一）时事新闻导入

时事新闻导入就是教师课前播报新近发生的重大地理事件或有较大影响的蕴含着地理信息的新闻事件，将之巧妙地与新课内容连接，以诱发学生主动学习新课的一种导入方式，如环境会议、污染事件、农业政策、区域规划、工程建设、地区冲突、自然灾害等。地理教师平时应重视将报纸、电视、网页中蕴含着地理信息的时事素材搜集起来，并按高中地理知识板块将其进行分类，建立“时事新闻素材库”，便于适时利用。

注意事项：地理教师一方面要在生活中养成浏览新闻、搜集热点素材的习惯；另一方面，要注意材料的加工改造，切忌全盘展示给学生，否则难以把握教学主题。

案例3-4：在讲授“地方时”的时候可以采用新近发生的重大事件导入：里约奥运会正在进行，当里约参赛的运动员正在激烈争夺奖牌时，我国已是半夜时分，要想看奥运直播只能熬夜。为什么会这样？

案例 3-5：当讲到“地震”灾害时，引入 2008 年四川省汶川县发生里氏 8.0 级特大地震。这场灾害造成 69227 人遇难，374643 人受伤，17923 人失踪，一时间人们谈“震”色变。那么，地震是怎样产生的，地震分布有什么规律，如何及时监测和预报地震？

【思考与讨论】分组讨论，利用时事新闻素材导入的好处是什么？需要注意什么问题？

时事新闻素材导入的好处：

需要注意的问题：

（二）音乐导入

文以载道，曲以传情。音乐导入就是教师在讲课前，播放与教学内容相关的歌曲，以吸引学生注意，唤起学生情感，活跃课堂气氛。优美的乐曲能以生动的艺术感染力唤起学生的情感，既凝聚学生的注意力，又塑造心灵、陶冶情操。学生还能从歌曲的主题和歌词中获得心灵上的感悟，进而起到完善人格的作用。例如，讲到“亚洲”时，一曲《亚洲雄风》迅速使学生激情澎湃、精神振奋，教师随机导入“亚洲”一课。讲到“长江流域”时，一曲《长江之歌》将学生带入波澜壮阔的情境之中，激发起学生对祖国壮美山河的自豪与热爱之情，歌词中唱到“你从雪山走来”时顺理成章导入长江的起源及流域特征。讲到“我国的民族”时，一曲《爱我中华》让学生知道我国是一个由 56 个民族组成的团结和睦的大家庭。讲到“东北地区三江平原”时，以一曲《我的家在东北》为入手点；讲到“交通运输方式”时，一曲《天路》可以把学生带入青藏铁路中去；讲到“青藏高原”时，一曲《青藏高原》将学生带入天堂般的风景中。

【思考与讨论】音乐导入的好处是什么？在使用时需要注意什么问题？

音乐导入的好处：

需要注意的问题：

（三）故事、典故导入

故事以感化和说理的方式为学生呈现正确的道德意识和社会行为，对中学生的道德认识、情感体会、价值判断和行为践行都具有重要的意义。此外，故事和典故的趣味性，有利于激发学生的学习动力，帮助其挖掘故事中的地理现象、地理概念并进行深入探究，从而使学生养成良好的研究习惯。

注意事项：教师在故事讲授的过程中需注意语言的组织，讲解语言要生动形象，以吸引学生注意力；要有启发性，使学生听后受到启迪；要突出故事中涉及的地理问题，听完故事后，教师要注意引导学生探究其中的地理知识。

【技能训练】请为下列故事设计新课导言，然后小组成员进行交流，集体为每个故事打磨出你们认为最好的新课导言。

故事1：草船借箭。

周瑜很妒忌诸葛亮的才干，处处为难他。有一天，周瑜请诸葛亮商议军事，让诸葛亮十天内造十万支箭。诸葛亮将计就计，提出只要三天内就能完成，还立下军令状。于是，诸葛亮请鲁肃借20只船，第一天，诸葛亮没有动静，第二天还没动静，直到第三天四更时诸葛亮请鲁肃去取箭。诸葛亮的船已经靠近曹军的水寨，他叫船一字排开，又叫军士一边擂鼓一边呐喊。曹操看不清虚实，不敢派兵出动，只叫一万名弓弩手射箭。等船两边的草把子插满了箭时，曹操方知上当了，可诸葛亮的船已顺风顺水地驶出二十多里。

故事2：诸葛亮火烧司马懿为什么没有成功。

三国后期，诸葛亮把司马懿大军困在葫芦谷，点起大火准备一举把他们歼灭，司马懿父子以为死定了，这时候天突然下起一阵大雨，淋熄了大火，司马懿大军军心大振，奋力杀出了重围。

故事3：第二次世界大战时，德国的潜水艇在关闭发动机的情况下，顺利通过了由英军严密把守的直布罗陀海峡，往来于大西洋和地中海之间，躲避了英国军队的袭击。

故事 1 的导言：   故事 2 的导言：   故事 3 的导言：

（四）谜语导入

谜语是对某一事物主要特征的抽象概括或隐秘描述，谜面一出就会吸引人为了寻求答案而主动思考。因此，谜语导入能激发学生的思维，活跃课堂气氛。学生分析谜面，总结谜语描述的事物特点，最终形成地理概念，加深对地理事物特征和作用的理解。在学习地球仪时，可以设置谜面："不是篮球不是蛋，用手一推它就转，不要看它个子小，载着大江和高山"。在讲地图时，谜面"容纳万山千水，胸怀五湖四海，藏下中外名山，浑身绚丽多彩""高山不见一寸土，平地不见半亩田，五湖四海没有水，世界各国在眼前""不坐车船跑全国，不乘飞机观四海，分文不花万里游，请问奥妙何处来"等都可应用。

注意事项：谜语难度要适中，教师要在学生猜测过程中引导、提醒，避免学生浪费不必要的精力在猜谜语上，而忽视了内容的学习；谜面要突出事物特征，避免谜语答案出来后让学生觉得生涩难懂。

（五）诗词儿歌谚语导入

1. 诗词

诗词是古代文学体裁，蕴含着很多的地理现象和规律，优美的古诗词使教学信息传递艺术化，同时激发了学生的审美情感。教师借用诗词，可创设情境，给学生以美的享受，激发学生的学习兴趣，以顺利地过渡到地理知识的学习上来，同时实现多学科间的整合，利于学生综合能力的培养与提高。例如，通过"人间四月芳菲尽，山寺桃花始盛开”引入气候垂直变化和山地的垂直地带性；“南枝向暖北枝寒，一样春风有两般”说明山坡阳坡和阴坡的光照及热量的差异；在讲三峡工程时借用“截断巫山云雨，高峡出平湖，神女应无恙，当惊世界殊”的诗词来说明三峡水库的地理位置、地形地势及建设三峡工程的重大现实意义；在学习“长江”的内容时，借用“金沙水拍云崖暖，大渡桥横铁索寒”的诗句讲长江上游的干支流水文和地形特征；借用李白的“两岸猿声啼不住，轻舟已过万重山”点出长江三峡的水流急、水能丰的特点；在学习“内蒙古高原”时，《敕勒歌》“敕勒川，阴山下，天似穹庐，笼盖四野。天苍苍，野茫茫，风吹草低见牛羊”描绘了内蒙古草原的自然风光、地形特点和农业生产方式。

注意事项：教师诗词底蕴要丰富，对诗词的解释要准确，对诗词中地理知识的挖掘要科学，歌诀最好通俗易懂，朗朗上口。

2. 儿歌

儿歌通俗易懂，知识丰富。针对地理课堂教学内容，精心寻找与课堂地理知识对接的儿歌，对学生记忆新知识起到助力作用。例如，在讲解“地球的运动”时，可以引入儿歌：“地球大，月亮小，月亮绕着地球跑；太阳大，地球小，地球绕着太阳跑。”（地理儿歌与知识记忆顺口溜参考网址：http://wenku.baidu.com/view/dbd3096f7e21af45b307a89e.html）

3. 谚语

谚语是先人智慧的结晶，是先人生活经验的总结，内涵丰富。谚语中包含着许多地理规律，教师应该充分从中挖掘地理知识。在讲述西北的气候特征时，引用“早穿皮袄午披纱，围着火炉吃西瓜”的谚语，描述西北地区昼夜温差变化大的特点；讲天气系统时，可以引用“恶风必有恶雨”“风是雨头”，“恶风”“恶雨”指大风、大雨，“风”表示空气在移动，空气移动了就有可能生成锋面和气旋，有锋面和气旋就有可能产生降水。

（六）图片导入

图片是记录和反映地理事物和现象最直观的依据，图片的种类多样，包括各种专题地图、示意图、景观图、漫画等。利用图片导入，能够将语言描述的知识点和地理事物清晰直观地表现出来，增加学生对未知地理事物的直观认识，积累感性知识，在此基础上分析地理现象，说明地理原理，记忆地理规律，在地图上完成地理知识体系的构建。利用地理图片来导入新课，还可以突出地理的学科性质，帮助学生培养地理空间思维能力（图 3-2）。

案例 3-6：观看图 3-2，为什么珠穆朗玛峰南坡出现的自然带谱比北坡复杂呢？要想明白这个问题，请跟老师一起进入今天的学习：自然地理环境的差异性。

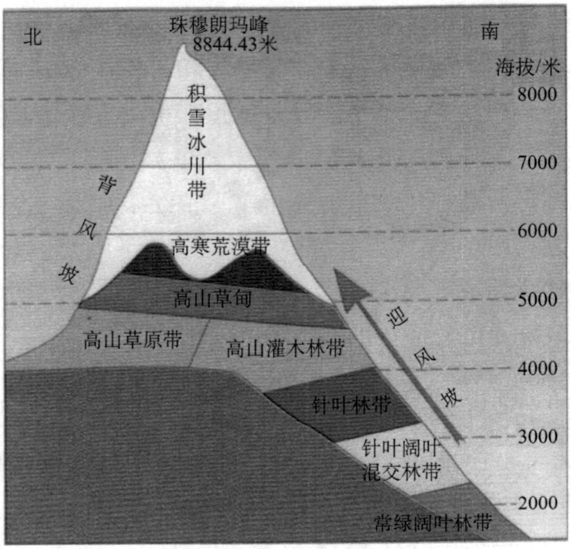

图 3-2　珠穆朗玛峰地区的垂直自然带

【思考与讨论】图片导入的好处是什么？在使用时需要注意什么问题？

图片导入的好处：

需要注意的问题：

（七）多媒体视频动画导入

多媒体是集图文声像于一体的现代化信息载体，它可以将较为抽象的地理知识通过影音、动画等方式变得具体、鲜活、直观。直观演示能够引起学生的学习兴趣，帮助学生积累感性材料，同时有助于学生更好地理解抽象的、空间的、难以用语言描述清楚的内容和问题。

注意事项：地理教师选择视频时要结合教学目标和教学内容；教师要对素材进行加工与重组，切忌生搬硬套；教师在学生观看视频时，要注意配以语言解释和引导，提出观看的重点和注意事项。

（八）生活实例导入

生活实例导入是指教师从学生的现实生活经验或熟悉的事物出发，通过提问、讲解来引导学生发现生活中的地理问题的一种导入课程方式。这种导入，比较容易引起学生的关注，落实“学习对生活有用的地理”新理念。

（1）广告导入法。电视里经常播放生态环境领域的公益广告，广告将人地关系这一地理思想与艺术相结合，引导学生形成地理观念。地理教师应该巧妙地利用这些公益广告，如用“不要让我们的眼泪成为地球上最后一滴水”的广告语导入“水资源”的学习。

（2）节日导入法。节日的设立有一定的纪念意义和主题，学生对节日一般会有比较深的印象和兴趣，地理教师可以利用不同的节日及其宣传主题来导入新课，如2月2日世界湿地日、3月22日世界水日、4月22日世界地球日，让学生从节日设立的重要性来体会自然资源缺乏的现状，形成忧患意识。

（3）特产导入法。教师可以从特产引入新课，如从新疆的哈密瓜、大枣、葡萄为什么这么甜，北方人为什么喜欢吃面食，南方人为什么喜欢吃米饭等引入农业的学习。

（4）生活现象导入法。生活处处皆地理。教师要注意经常将生活现象导入地理课堂，培养学生学以致用的能力。例如，讲热力环流时可以让学生回忆：日常生活中烧开水时，水沸腾后锅里的水为什么会上下翻腾？空调为什么装在墙的上部？讲大气热力作用时，可以让学生回忆：冬季南方的农民为什么在田地里制造人工烟雾？

注意事项：生活实例选取要准确且紧扣教学内容；要包含待探索的地理问题；所选例子通俗易懂，在生活中常见；实例讲解要有启发性提问，引导学生探寻原理。

（九）实验导入

实验导入是在讲授新课之前通过实验，让学生观察，提出问题，引入新课的方法。实验导入在一定程度上能弥补学生感性认识的不足，帮助学生由形象思维过渡到抽象思维。例如，高中地理“地转偏向力”的教学，可利用如下实验导入新课：教师准备一把透明的雨伞和一杯带颜色的水，课前一名学生按照地球北半球的自转方向自西向东逆时针转动雨伞，旋转速度适中，另一名学生向雨伞顶部缓缓倒入少量水，教师指导其他学生观看水向下流的痕迹，提出问题：“水滴是垂直向下流的吗？水流向哪边发生了偏转？为什么会偏转？”进而顺利引入本节课的学习。

注意事项：一是实验设计要科学合理，实验现象明显，且与教学内容联系密切；二是实验步骤要简洁，易操作，实验时间不宜过长；三是实验过程中教师要配以言语提示或说明，引导学生观察重点；四是教师事先要做好充分的准备工作。实验导入不一定是在课堂上做实验，教师可以在课下将实验过程录制下来，在上课前播放，以节省时间，提高效率。

【技能训练】每组任选一个课题设计一个小实验，并以此导入新课。

我们的实验导入设计

二、按导入的作用分类

（一）直接导入

直接导入就是在上课之前，以文字呈现或者语言表述等方式表达本节课的学习内容及所要达到的目标，直接进入新课学习。例如，“人口、资源、环境问题被称为三大全球性的问题，人口过多、资源减少、环境恶化三者之间到底存在着什么样的关系？接下来就让我们共同探讨和学习”。这种导入方式直接简洁，快速进入主题，学习目标明确。

（二）悬念导入

朱熹曾说 ：“小疑则小进，大疑则大进。”教师在地理课堂导入中要巧妙运用提问的方式，这种导入方式可以有效地将学生的注意力吸引到既定的教学内容和教学目标上，调动学生学习思维，让学生主动探究以获取更丰富的认知。

（三）复习导入

复习导入是一种根据新旧知识之间的逻辑联系，通过复习旧知识的方式将学生带到新知识的学习活动中来的一种导入方法。通过复习导入新课，可以使学生回顾已学知识，同时帮助学生建构新旧知识联系框架。例如，讲授湘教版高中《地理Ⅰ》中“地球公转的地理意义”时这样导入：“上节课我们学习了地球自转的地理意义，知道地球自转产生了昼夜交替现象，在地球上做水平运动的物体会发生偏移，地球上不同经度的地方有不同的时间。那么，地球的公转运动又会产生哪些地理现象呢？今天我们继续学习地球公转的地理意义。”

（四）情境导入

地理教学中的情境导入，就是指地理教师根据课堂教学目标，利用诗词、歌曲、影音、图像等手段，创设与教学内容相关的教学情境，以激发学生兴趣，诱发学生进入新课学习的方法。例如，在讲授“农业区位条件”时，创设情境导入新课：先播放《舌尖上的中国》有关中国美食的视频，视频欣赏过后教师提问“为什么该食品能成为当地特色美食？当地具有什么得天独厚的自然条件”，然后教师乘势引导学生分析当地的农业区位条件进入新课学习。

第三节　地理课堂导入注意的问题

课堂导入方式多种多样，水无常形，法无定法，运用之妙，存乎于心。然而，不管怎样一种导入，都需要注意以下几个问题。

一、水到渠成、对接无痕

导入是整个教学环节的一个组成部分，且不可为导入而导入。导入、讲授、深化、总结、巩固和反思六者是一个整体，课堂导入一定要紧密联系课文重点内容及本节课的“端口”，做到对接无痕，水到渠成，切忌生搬硬套，强行嫁接。如果只重视课堂导入，而忽视其他环节，那么，再精彩的课堂导入也不能达到预想的结果。所以，课堂导入的目的就是要激起学生的兴趣，集中学生的注意力。一旦学生学习的自觉性被调动起来，就要抓住这个“黄金时刻”，形成教学高潮，完成教学任务。

二、注意引入信息的时效性

信息的时效性是指信息的效用依赖于时间并有一定的期限，其价值的大小与提供信息的时间密切相关。实践证明，信息一经形成，所提供的速度越快，时间越早，其实现价值越大。教师要不断学习，不断积累，留心国际国内时事，“问渠哪得清如许，为有源头活水来”。引入信息要有典型性，时间最好较近，所用信息与学生的生活较紧密，被学生所关注的事，才容易激起学生的情感。

三、切忌喧宾夺主，力争言简意赅

导入仅仅是课堂知识的对接引入，在时间上不能过长，以免影响课堂教学进程；在内容上过分渲染，则会冲淡本课主题。因此，在导入上一定要把握分寸。导入时间一般以 2~4 分钟为宜，导入课程的形式应朴实高效，要有利于学生从导课中快速获取地理信息或生成新的地理问题，而不能让学生不知所云，摸不着头脑，甚至偏离思维方向。

参与评价

请同学们观看课堂导入视频，根据导入的原则和注意的问题对案例进行分析与评价，说明该教学案例的优点、存在的不足并提出修改建议。

导入的优点：

存在的不足：

修改建议：

【**技能训练**】同课异构:各组围绕同一个课题分别进行导入设计，导入方法不能重复，并上台展示，其他小组进行观摩并进行点评，最后汇总出同一课题不同的导入方法。

【**课后训练**】每人任选一节课题，设计 3 种不同的导入方法，并在微格教室进行展示，教具自备。每种导入时间不超过 3 分钟，不能念稿，神态自然，声音洪亮，语言流畅；注重教态，声情并茂。各小组根据评价量表对小组成员进行评价，并为小组成员打分。

【**展示与评价**】导入技能的评价量表见表 3-1。

表 3-1　导入技能的评价量表

项目	评价内容	权重	优	良	中	差
			90~100 分	80~89 分	60~79 分	< 60 分
1	导入围绕教学目标，导入目的明确	0.25				
2	导入形式新颖，能够引起学生兴趣	0.25				
3	导入问题恰当，建立起了新旧知识的联系	0.20				
4	导入语言流畅，感情充沛	0.15				
5	导入时间掌握得当、紧凑	0.15				
得分						

1. 观看微格教学录像，师生共同评价

要求：教师选择某一小组成员的微格录像视频在课堂上与学生一起进行点评，在点评中注意他人设计的优、缺点，借此反思自己的优、缺点，从中获得间接经验。

2. 新课导言展示比赛

要求：每组推荐一位成员，代表本组展示**【技能训练】**同课异构的成果，选出优秀成果。

【唤起关注】引起兴趣，激发动力。

夸美纽斯在他的《大教学论》中指出："应该用一切可能的方式把孩子们求知与求学的欲望激发起来。"法国教育家卢梭指出："好奇心只要有很好的引导，就能成为孩子寻求知识的动力。"通往创造性的第一步就是好奇心和兴趣的培养。通过多样的课堂导入，引发学生的兴趣和好奇心，激发学生探究的欲望和动力，为学生终身发展奠定基础。

【收获与感悟】

通过本章的学习与训练，我的收获与感悟：

第四章　地理课堂教学语言技能

夸美纽斯曾形象地指出：“一个能够动听地教学的教师，他的声音应该浸入学生的心里把知识一道带进去。”语言是教师课堂教学的灵魂，是教师传授知识、启发思考、激发灵感的重要工具。一堂引人入胜的好课，是从教师的导入语言开始，伴随教师的讲授语言及师生间的互动语言而深入展开，最终结合课堂研究成果以教师的总结语言结束的。因此，地理师范生走上讲台之前有必要进行教学语言技能的训练，严谨而精彩的语言是课堂教学有效性的基础保障。本章主要从教学语言技能的含义、作用、要求、构成要素和类型五个方面进行讲解与训练。

【训练目标】

（1）了解地理课堂教学语言技能的基本内容，明确地理课堂教学语言技能的重要意义。

（2）掌握教学语言的构成要素，自觉按要求进行训练。

（3）熟练运用地理课堂教学语言技能，提升地理教学语言的科学性、准确性、生动性。

第一节　地理教学语言技能概述

语言是人类重要的交际工具，也是重要的思维工具。教师教学语言技能水平的高低，对于知识信息的传授、学生智慧的启迪、学习能力的提高、学生非智力因素的培养都有重要影响。教师的学科知识基础、教学水平、能力、魅力及教学修养、教学风格等都会通过教师课堂教学语言技能体现出来。

【交流与分享】回忆一下，从小学到大学哪位教师的教学语言对你的影响最大？为什么？他（她）的语言风格是怎样的？对你的启发是什么？

对我影响最大的教师是： 因为 他（她）的语言风格： 对我的启发：

一、地理教学语言的含义

教学语言是在教学特定的情境中，以学生为对象，用来实施和完成教学活动的基本手段，它是教学信息的载体，知识传递的媒介，是教师完成教学任务的主要工具，是师生交流的重要途径。而地理教学语言是教师输出地理知识的信息本体，是帮助学生掌握地理知识和提升能力的重要媒体，是最直接、最方便传递地理信息的载体。广义上，教学语言包括有声语言、板书和体态语三种，本章只对有声语言进行讲解和训练。

二、地理教学语言技能的作用

（一）有效提高教学效率和质量

教学语言表达水平的高低可以影响教学效率和质量的高低。如果教师在语言表达方面做到精准流畅、节奏适中、简洁明了，灵活运用各种语言表达技能，那么教学效率就会提高，教学质量就有了保证。流畅的语言可以让学生感受到舒适的学习氛围，幽默的语言可以将枯燥的知识变得有趣味性，精准的语言可以将知识重难点准确传授给学生，多变的语言可以吸引学生的注意力。总之，恰当的语言表达有助于教学效率和质量的提高。

（二）有助于师生感情的交流

课堂语言在传递知识的同时，也在传递着师生感情。教师通过教学语言的声调、语气、节奏的变化和丰富且恰当的词汇，将自己的情感传递给学生。例如，在讲解宇宙环境知识时的好奇情感、在讲解环境污染问题时的痛恨情感、在讲解中国版图时的自豪情感等，通过恰当的语言表达，都能传递给学生，实现地理教学语言的感情交流功能。

（三）有利于增强学生的表达能力

教师除了为学生讲授知识外，还有为学生示范的职责。教师的一言一行都会影响学生，教学语言的示范性就是其中之一。教师在语言表达中的节奏、停顿、音调等都可能成为学生学习或模仿的对象，特别是一些运用得当的语言表达对学生起着潜移默化的作用。因此，教师的教学语言技能有利于增强学生的表达能力。

三、地理教学语言的要求

地理学科知识综合度高，知识跨度大，这对地理教师的教学语言有着较高的要求，只有具备较高的语言素养和能力，遵循地理教学语言的要求，才能较好地完成教学任务，这也是衡量地理教师教学能力的重要标准。

（一）科学性

科学的教学语言是使教学内容科学准确的重要保证，地理教学也不例外。一方面强调用词必须准确，包括对地理事实、概念、原理和方法的讲授都要准确无误，不能用想当然的语言来传递错误信息，如指导学生看地图时不能说“上下左右”，而要说出方位“东南西北”；另一方面要求必须合乎逻辑，即合乎事物自身发展变化的规律，在地理原理教学时，要特别注意语言表达合乎逻辑，对每个论点的论证都要理由充分、无懈可击，特别是地理事物的时间、地点、数据、特征要始终如一。

【技能训练】分析判断下列表述对吗？为什么？

（1）气温的年较差是一年之中最高气温与最低气温之差。

（2）副热带少雨带是全球降水最少的地带。

（3）“北京时间”与“北京的时间”含义一样。

（二）地理性

地理教学语言所传递的信息，必须要用地理专业术语来表达。地理教学语言有其自身的特点，主要是在地理景观描述、空间位置关系、物质及其变化规律上，表达时要考虑地理教学的特点。例如，表述方位时，要用“东西南北”，不能用前后左右；只能说气压高低，不能说气压大小；“岩石”不能用“石头”代替；计量单位“千米”不能表述为“公里”；河流水系和水文特征要用“干流”“支流”“流量”“水位季节变化”“汛期”等术语，而不能用“许多小河流入大河”“河水涨得很高”等语言。再如，“气温”和“温度”就是两个完全不同的概念，说石家庄今天最高温度38℃就不确切，必须用最高气温38℃。要科学地运用地理术语，必须在对中学地理教学内容及教材吃透的基础上，逐条理解，准确使用。

（三）简明性

教学语言的简明性是由教育、教学的目标决定的。教师的语言不简明，学生很难抓住重点，势必给学生吸收学习信息带来困难。简明的语言要求教师吃透教材、认真提炼、反复推敲，确保知识讲解具体、明了；要求教师避免使用方言、套话、口头禅等，确保学生接受知识直接、准确。因此说，地理教学语言的简明性，不是简单的语言，而是经过提炼的、认真组织和推敲过的，学生一听即能明白的语言。

案例 4-1：“农业区位”的课堂导入。

张老师正在准备第二天的课。又到了讲解“农业区位”这部分内容的时候了，她翻着上一轮的教案本，脑海中回忆起当时的情景。那天的课，她是这样导入的：

师：同学们，大家都知道我们国家的新疆维吾尔自治区盛产瓜果，很多品种都远销海外，谁能给大家说说都有哪些瓜果？

（学生们经过短暂的思考，答出“哈密瓜、葡萄、西瓜”等答案）

师：非常棒！我相信大部分人都非常爱吃这些瓜果，这也使得它们在全球同类产品市场中的占有率较高，而较高的市场占有率则源自于它们优良的品质。现在请同学们思考这样一个问题：新疆瓜果的品质为什么如此优良？（由此引出相关的农业区位因素）

由于这部分内容知识量较大，课时较紧，张老师每次这样导入都要用超过 3 分钟的时间，她想在这次备课中压缩导入部分的时间比例。后来，经过修改，张老师的新课教案导入部分是这样写的：

> 师：同学们，大家都知道新疆的瓜果很有名，如“吐鲁番的葡萄、哈密的瓜，库尔勒的香梨人人夸”。它们出名是由于品质优良，那么请大家思考这样一个问题：新疆瓜果的品质为什么如此优良？（由此引出相关的农业区位因素）

修改过后的导入设计，在张老师的实际授课过程中只用了 1 分钟左右的时间。

【点评】虽说前一种方式，既做到了有趣，又紧贴学生生活实际，在互动中导入了新课。但教学语言的设计，还是要尽可能精练。因为每一节课的内容，知识量不同，分配给每部分内容的时间也不同。“农业区位”就是一个典型的例子，这一节内容通常情况下需要 2~3 课时才能讲完，若教学语言在设计中保证前后知识的有效衔接，并在运用中做到精练表达，节省出来的时间则可以投入精细化讲解或增加学生的思考活动环节中去。

【技能训练】自己就地理学科中某一知识点的讲解内容进行 3 分钟音频录制，录制后听一下自己在讲解地理知识的过程中，语言表达是否做到简明，是否有方言、套话、口头禅。

（四）针对性

教学语言的针对性主要表现在内容和表达两方面。就内容而言，表达的内容应建立在学生已有知识和经验基础上，符合学生的认知范围和情感认同。就表达而言，教师语言应是深入浅出，简单明了，同时要符合不同年龄阶段、不同地域成长背景的学生特点。例如，初中阶段的学生侧重感性认知，多用比喻和形象化的教学手段，简短明快、描述性强一些的语言，语调亲切；高中阶段的学生侧重理性认知，讲课时要注意叙述的客观性、逻辑性和严密性，语言力求精辟、简练，着重指导他们去寻求规律，揭示知识的内在联系。乡村地区的学生对于自然现象、农业生产感受较深；城市地区的学生对于城市文化、现代科技了解较多。

第二节　地理教学语言的构成要素

教学语言的优化表达需要整合并合理运用教学语言的要素，将教学语言中语音、吐字、音量、语速、语调、节奏、词汇和语法进行科学把握，便能很好地提高教学语言水平。

一、语音

教学中，教师要使用准确、流畅的普通话，吐字清晰，发音规范，这是对于语音要素的基本要求。在地理教学过程中，一些地名和地理术语的发音比较容易出错。例如，俄罗斯太平洋沿岸港口城市“海参崴”中，“崴”字发音为 wǎi，不读 wēi；海岸地貌类型“潟湖”中，“潟”字发音为 xì，不读 xiè；南美洲国家“秘鲁”中，“秘”字发音为 bì，不读 mì。

容易读错的地理名词

地名：

爪（zhǎo）哇岛，博茨（cí）瓦纳，水俣（yǔ）病，东帝汶（wèn），梵（fàn）蒂（dì）冈，东莞（guǎn），阜（fù）新，讷（nè）河。

地形：

准噶（gá）尔盆地，巴颜喀（kā）拉山，祁（qí）连山，喀喇（lǎ）昆仑山。

河流与湖泊：

坦噶（gá）尼喀湖，堰（yàn）塞（sè）湖，鸭绿（lù）江，洮（táo）河，汾（fén）河，泾（jīng）河，雅砻（lóng）江，岷（mín）江，邕（yōng）江，鄱（pó）阳湖。

少数民族：

佤（wǎ）族，仫（mù）佬族，仡（gē）佬族，拉祜（hù）族，傈（lì）僳族，蒙（měng）古族。

二、吐字

吐字要清晰、坚实和完整，这需要协调运用发音器官（包括唇、齿、舌等）。有些人说话吐字总是含含糊糊，像是“嘴里含着个热饺子”，一方面可能由于说话习惯不正确，发音不到位，吐字不够饱满；另一方面可能是教师对教学内容不熟悉，没把握好。教师应该钢珠落盘般地自信表达。

【技能训练】绕口令训练。

（1）坡上立着一只鹅，坡下就是一条河。宽宽的河，肥肥的鹅，鹅要过河，河要渡鹅。不知是鹅过河，还是河渡鹅。

（2）山上五棵树，架上五壶醋，林中五只鹿，箱里五条裤。伐了山上的树，搬下架上的醋，射死林中的鹿，取出箱中的裤。

（3）山前有只虎，山下有只猴。虎撵猴，猴斗虎；虎撵不上猴，猴斗不了虎。

三、音量

课堂中，学生接受教师教学信息的过程中，教师音量的高低也影响着学生听课的效率。音量过高，对学生来说是一种思维干扰，而且教师自身也比较吃力；音量过低，不能很好地激发学生的思考、引起学生的注意，给学生一种低迷、压抑的感觉。合适的音量需要教师调动胸腔、腹腔，使用“丹田之气”，使坐在教室最后一排的学生能够较为舒适地听清教师的每一句话。

四、语速

语速是指讲话的快慢，通常用口语中字与字的间隔时间来衡量。一般来说，地理课堂的口语语速为每分钟 200~250 字。当然，语速也与教学对象、教学内容、教学时间等具体条件有关。很多年轻教师初次站上讲台，由于紧张、不自信及对课堂内容把握不熟练等，往往出现语速偏快的现象。

五、语调

语调，即说话的腔调，就是一句话里声调高低抑扬轻重的配置和变化，这对教师教学效果有着很大的影响。教师在教学过程中，语调应富于变化，高声强调重点；平缓唤起回忆；疑问或反问启发思考；反复加强语气给学生以记忆；突然高声引起注意；急速停顿组织集中；低声讲述引起肃静。

六、节奏

教学语言的节奏通常用口语中句和句的间隔时间来衡量，教师对教学节奏的把握，不仅可以表现教师的沉着、自信，还可以提高学生的课堂注意力，不至于疲惫和紧张。

七、词汇

作为教师，对于词汇的基本要求是丰富、规范、准确、生动。词是构成语言的基本单位，教师在表达教学内容时，必然会运用到大量的词汇，词汇的变化可以使语言变得优美，词汇的准确可以很好地传递信息。如果一名教师的词汇储备匮乏，那他的课堂一定是无趣的、沉闷的、乏味的。

八、语法

语法是遣词造句的规则，合理的语法表达容易被人理解。教学语言既有口语特点，又有书面语特点。一般情况下，教师的表达基本遵循语法规则，特别是在讲解重难点知识时，语法规则尤为重要，符合语言规律和知识的内在逻辑可以帮助学生更好的理解和掌握知识。

第三节　地理课堂教学语言技能的类型

无论授课，还是为学生答疑解惑，教师都要使用一定的教学语言技能来实现，地理课堂教学语言技能类型包括描述性说明技能、论证性说明技能、比较性说明技能、借助性说明技能及联系性说明技能。不同的情境、不同的内容应运用不同的教学语言技能，合理、科学的教学语言技能，可以有效提高课堂的教学效率。

一、描述性说明技能

描述性语言是将地理现象、地理景观等有条理地讲述给学生，强调语言的直观形象、生动逼真，使人身临其境。描述性说明常用于描述地理现象、地理景观和地理原理等初级的、具体的、事实性的知识，有时也用于抽象逻辑推理之前的必要的知识储备。特别是教师运用形象生动、词汇丰富的语言，向学生展示丰富多彩的地理景观和各具特色的区域面貌，对帮助学生建立准确、鲜明、形象的地理事物和现象，培养学生的形象思维能力具有重要作用。

【技能训练】请用描述性说明技能，描述“风景如画的喜马拉雅山南麓”。

风景如画的喜马拉雅山南麓

中印边境线上的玉麦乡位于喜马拉雅山脉南麓，是中国人口最少的行政乡。从拉萨往东南方向行车约 400 千米，便到达玉麦乡所属的山南地区隆子县，从县城到玉麦乡还要走大约 200 千米的土路，一路从高山草甸渐渐过渡到低矮灌木，最后在越来越湿润的空气中进入原始森林区。与西藏大部分地区的干燥和缺氧环境相比，海拔 3500 米左右的玉麦可以称得上是小天堂，印度洋季风为这里带来了充沛的雨水，使这里草木茂盛，空气清新，风景如画。

二、论证性说明技能

论证性说明是教师有步骤地向学生解释说明问题、通过实例得出概念或通过现象事实推导出结论，形成概念和原理。其基本要求是语言富于逻辑性，论题明确、论据真实而充分、论证合乎推理。使用时需要注意，语言表达要有严格的科学性，含义准确，论理严密，不生歧义；教学时应处处设疑，步步深入，不仅传授知识，还要指出认识事物的途径。论证性说明技能的使用可以帮助学生将分散的知识系统化，深奥的知识简明化。一般在论述地理概念、地理特征、地理原理、地理规律等理论知识时，使用论证性说明技能。

【技能训练】请用论证性说明技能，论证世界四大渔场的形成原因。

世界四大渔场的形成原因

世界四大渔场分别是位于欧洲西部的北海渔场、日本北部的北海道渔场、加拿大东部的纽芬兰渔场及秘鲁西岸的秘鲁渔场。渔场的成因一般有两种：一种是位于寒流和暖流交汇处，寒暖流交汇使得水的环境发生变化，鱼类不敢贸然向前，于是在交汇处聚集，并且寒暖流交汇使得海水搅动，底层的营养物质跑到表层，成为鱼群的饵料，如北海渔场、北海道渔场、纽芬兰渔场都位于寒暖流交汇处。另一种是受到上升流的影响。例如，秘鲁渔场受东南信风的影响，风从岸边吹向太平洋，所以岸边海水不断减少，底层的海水便上来补充，同时把大量的营养物质带到表层来，成为鱼群的饵料。

三、比较性说明技能

比较性说明是指教师提供启发性说明材料，学生通过这些材料与所提问题建立起联系，从而得到圆满的回答。对事物进行比较性说明，是透过事物表面看本质的一个过程，实现认识上从感性到理性的飞跃，建立现象与本质之间的联系，使学生对所研究的对象，在丰富表象的基础上进行比较，以确定被比较事物之间的异同点，延伸对于事物认识的广度与深度。在地理教学中，比较说明技能常用于以下几种情况：将同纬度的地理现象相比较，“同处60°N的大西洋两岸气候的差异”；将同一整体区域内不同地方的地理特征相比较，“秦岭—淮河是我国一条重要的地理界线，比较我国东部北方和南方河流的水文特征，以及北方和南方农业生产特点的差异”；将同类但又相互对立的地理事物相比较，“从成因、等压线形状、气流运动方向、形成的天气等方面比较气旋与反气旋的不同”。

【技能训练】运用比较性说明技能描述表4-1中的相关知识。

表4-1　三大岩石类型的比较

岩石类型	成因	常见岩石	主要特征
岩浆岩	岩浆活动	花岗岩、玄武岩、流纹岩、安山岩	侵入岩：结晶度好，晶体颗粒较大 喷出岩：具有气孔等构造
沉积岩	外力作用	石灰岩、砂岩、页岩	具有层理构造，常含有化石
变质岩	变质作用	大理岩、板岩、石英岩、片麻岩	具有片理结构，重结晶作用明显

四、借助性说明技能

教师运用比喻、拟人等方法，借助学生生活中身边熟悉的案例，通过生动、形象的语言对地理知识进行讲解，以促进学生的理解并加深其记忆。借助性说明可以充分调动学生的学习兴趣，唤起学生的形象思维，增强课堂教学的趣味性，帮助学生解决抽象思维中的难点。

借助性说明举例：海拔和相对高度

很多同学没有见过大海，对于这个地理概念不是很容易理解，教师可采用类似比喻的方法，找出班内身高最高和最低的男生，让他们站到讲台上，分别报出自己的身高。教师可将两位同学头顶处设为A点和B点，运用他们本身的身高来讲解“海拔”，但要强调是相对于海平面而说的；运用他们两人的身高差来讲解“相对高度”，也就是两个事物之间的垂直高差。

五、联系性说明技能

地理学所研究的内容本身具有很强的联系性，教师运用联系性说明技能，是要按照知识的内在规律，由此及彼、以旧引新，由因导果。联系性说明可将地理庞杂的知识进行有效的整合和归纳。

联系性说明举例：亚欧大陆与大西洋、太平洋之间气压的块状分布与海陆热力性质差异的关系

1月，气压带风带南移，亚欧大陆与大西洋、太平洋地区都应处在南移的副极地低气压带的控制下，但是大陆此时降温快而形成了高气压，高气压把低气压切断，使低气压只保留在海洋上。太平洋上为阿留申低压，大西洋上为冰岛低压。7月气压带北移，该地区都应处在北移的副热带高气压带的控制下，但是此时陆地升温快反而形成低气压，低气压把高气压切断，使高气压只保留在海洋上。太平洋上为夏威夷高压，大西洋上为亚速尔高压。

【课后训练1】选择一节中学地理教师的教学录像，分析视频中教师运用了哪些语言技能？这些语言技能分别起到了什么作用？还存在哪些问题？有何改进建议？

【课后训练2】整理自己一节课的录音，试分析自己的音调、音量、语速和是否有口头语，语言技能的运用是否恰当和熟练。

【展示与评价】

（1）使用不同类型的语言技能进行课堂教学片段展示。

（2）播放一段学生的录音，让全班同学“听听他是谁”，并对其语言技能进行评价（表 4-2）。

表 4-2　教学语言技能评价量表

项目	评价内容	权重	优	良	中	差
			90~100 分	80~89 分	60~79 分	<60 分
1	语言通顺，语速适中	0.10				
2	逻辑严谨，层次清晰，通俗易懂	0.20				
3	普通话、抑扬顿挫，舒缓适当	0.15				
4	准确使用专业术语，依据内容熟练运用不同的语言技能	0.25				
5	简明扼要，没有不必要的重复	0.10				
6	没有口头禅和多余的语气助词	0.10				
7	具有趣味性和启发性，感情充沛	0.10				
得分						

【唤起关注】

教学是一种对话，是一种心灵的交流，语言是爱的力量。教师的语言修养不仅决定着学生在课堂上的脑力劳动的效率，还对激发学生内在的学习动力和未来的期望起着不容忽视的作用。因为教师的一句话有可能成就一个人，也有可能毁掉一个人。因此，教师要以尊重学生为出发点，自觉地进行语言能力的修炼。

【收获与感悟】

通过本章的学习与训练，我的收获与感悟：

第五章　地理课堂讲授技能

《师说》中“师者，所以传道授业解惑也”的“授”字就有“讲授、传授”的意思，可见，讲授作为一种教学方法有着悠久的历史。讲授是一名合格教师必须具备的技能。美国教育心理学家奥苏伯尔认为，对学生来说，获得知识最经济、最有效的方法是有意义的言语接受学习。随着新课程改革的推进，对教师讲授技能的要求更高了。本章将剖析地理课堂讲授技能的含义、作用、各种类型、讲授技能的使用方法和适用范围。

【训练目标】

（1）准确理解地理课堂讲授技能的内涵。

（2）了解地理课堂讲授技能的各种类型、使用方法和适用范围。

（3）通过技能训练，学会使用讲授技能。

案例 5-1：城市的起源①。

一位老师在讲授“城市的起源”时，这样讲述：这是很久很久以前的故事。那时候人们还是靠狩猎与采摘勉强填饱肚子，打到兔子吃兔子，打到野鸡吃野鸡……那个时候人们都没有挑食的坏毛病（眼睛环视全班，脸上一丝坏笑）。

我们家可能最擅长打兔子，祖祖辈辈都打兔子，随着打兔子的水平不断提高，每天打回的兔子吃不完了，这叫什么？（学生回答：剩余产品）对，于是我就产生了换换胃口的想法，将两只兔子带到部落的其他家庭，看谁家有吃不完的野鸡肉，用兔子换野鸡肉。有时候这种交换可能成功，有时候可能很难成功，也许我的邻居们都只会打兔子。

为了提高这种交换的成功率，我们就……（我故意停顿几秒钟，眼睛再次环视全班，教室里马上安静下来，很多学生都瞪大了眼睛，竖起了耳朵，我故意语气神秘地继续讲）在每个月的月圆之夜，在部落边上的那棵大树下，把自己多余的猎物都带来。这样交换的成功率比以前提高很多。但是，也有不凑巧的时候，某个月圆之夜，大家都来到大树下，一起打开自己的口袋，发现全是兔子。

这时候，站出一个人来，大叫一声：“我就住在树下不走了，你们把自己的猎物放在这里，在石头上刻下自己想换的猎物名字。你们每天都可以把猎物送到这里来，我帮你们交换”。这个人是谁？（全班立刻安静下来）这个人就是世界上第

① 龙泉. 忽悠地理之城市起源的故事［OL］. http://px.pep.com.cn/forum.php?mod=viewthread&tid=260160.

一个小卖部的老板，世界上第一个商人，世界上第一个城里人。

啊！（全班狂笑）安静！安静！这是真的！城市的定义是什么？城市就是非农业人口聚居的地方，这个不再打猎，不再从事农业活动，住在大树下面从事商业活动的人，不是城里人，是什么？好，我们通过这个故事总结一下：城市出现的基本条件是什么？

（1）农业生产技术的创新。正是因为打猎技术创新才导致打的兔子吃不完，才会产生一定的剩余产品，才会产生交换的欲望。

（2）劳动分工促进了城市的出现。正是那个大叫一声的人，勇敢地选择了从事非农业生产活动，当商品交换由偶然性发展为经常性时，便在适于货物集散和商品交换的地方（大树下）出现固定的交易场所——集市。随着商品生产和商品交换的发展，交换地域的进一步扩大，集市就可能演变为城市。

【思考与讨论】案例 5-1 中的教师运用了什么技能进行教学？教学效果怎样？有没有值得改进的地方？

第一节　地理课堂讲授技能概述

一、地理课堂讲授技能的含义

地理课堂讲授技能是地理教师在地理课堂教学中，运用口头语言，辅助以板书、提问等，利用 PPT、地理教材等各种教学媒体，通过描绘地理情景、叙述地理事实、论证地理事例、阐述地理规律等，教会学生认识、分析、解决地理问题的方法，系统地向学生传授地理知识、开发地理思维能力和进行情感、态度、价值观教育的一种教学行为方式。它是其他教学方法运用的基础，具有不可替代性。

【思考与讨论】结合地理课堂讲授技能的含义，辨析“讲授教学与满堂灌、填鸭式、注入式教学有什么不同”。

二、地理课堂讲授技能的作用

课堂讲授是一种“教师讲、学生听”的活动。在这个活动中，教师主要通过口头语言向学生传授知识，不受设备条件的限制，省时省力，能够充分发挥教师的主导作用，在短时间内向学生传递大量的知识；学生的学习方式主要以接受学习为主，通过记笔记、专心听讲的方式获得。该活动有利于学生全面、深刻、准确地掌握知识，建立知识体系；便于教师结合知识的传授对学生进行情感、态度、价值观的教育。

【相关资料】课堂讲授的局限性

教师通过讲授向学生传授教学内容，其本质是一种单向的信息传输方式。学生没有足够的时间、机会对学习内容及时做出反馈，因而不易调动学生的主动性、积极性，不易培养学生的主动探究意识和能力。讲授不能代替自学和练习，讲授过多，会挤占学生自学和练习的时间，从而影响教学质量。讲授通常面向全体学生，无法照顾学生的个别差异，不利于学生个性的发展，因材施教原则不易得到全面贯彻。空泛的讲授，不能有效地唤起学生的注意和兴趣，不利于启发学生的思维和想象，易陷入注入式教学的泥潭。

第二节　地理课堂讲授的类型

讲授技能是一种最基本、最常用的地理课堂教学技能。根据地理课堂讲授方式的不同可以分为讲述技能、讲谈技能、讲解技能。

一、讲述技能

讲述技能是地理教师用形象的语言向学生叙述或描述地理事物和现象的教学行为方式。表述地理名称、地理数据、地理分布、地理景观等地理事实性知识时，一般采用讲述法。在运用讲述技能时，除了要注意讲述内容的科学性之外，还要注意讲述的语言要生动、形象、优美、亲切。生动、形象、逼真的语言，叙述或描述地理事物的形态、景象、分布状况及其发展演变，有助于学生获得感性认识，建立地理表象。讲述技能侧重于讲，必须注意直观性。

（一）借助直观的地图讲述

利用直观的地图讲述地理分布。地理分布是某一事象的空间分布状况及其与外在客观事物间的空间关系。地理事象的空间形态主要有点状（山峰、城市、矿产等）、线状（河流、山脉、道路等）、面状（森林、草原、农田等）三种。

（二）借助直观的图像讲述

在讲述地理名称、数据、变化过程、景观等知识时要充分运用示意图、景观图等直观图像，图文并茂地讲述能帮助学生建立起地理事物的表象，形成地理事物的空间位置概念及空间联系。

（三）运用直观化的语言讲述

对于一些比较抽象、枯燥难懂的地理数据等，可以采取直观化的语言进行讲述，便于学生快速记忆。例如，讲述世界水资源："全球水圈总水量约 13.86 亿立方千米，其中，淡水约占 2.5%，淡水中能被人类利用的约占全球淡水总储量的 0.3%。如果把全球水圈总水量比作是 1 桶水，那么淡水就是其中的 1 杯水，而能被人类利用的淡水资源则是1杯水中的1匙水”。这种形象化了的地理数据，可以使学生容易理解地理数据及其之间的关系。

【技能训练】任意选取某一地理事物或者现象，如水循环的过程、厄尔尼诺现象、拉尼娜现象、极昼、极夜现象等，运用讲述技能进行口头讲述。

二、讲谈技能

讲谈技能是地理教师边讲边问，启发学生运用已有的地理知识和生活经验来回应教师的分析解释，达到理解和掌握知识、技能、方法目的的一种教学方式。它体现了以“学生为本”的教学理念，是教师和学生之间的知识对话，是一种比较常用的讲授形式。一般在教学内容与学生已有的知识和经验联系比较大的情况下适用。

参与评价

教师播放事先准备好的一段运用讲谈技能讲授的视频，学生观看，分组讨论视频中教师的讲授方式，有哪些优点？有哪些缺点？如何改进？

三、讲解技能

讲解技能是地理教师运用富于理性的语言向学生说明、解释或论证地理概念、地理规律、地理原理的教学行为方式。按其功能分为解释式讲解、描述式讲解、启发式讲解；按其表现形式分为原理中心式讲解、问题中心式讲解、动作中心式讲解。教师一般在说明各种自然或人文地理事象的形成原因、布局原理、相互联系，或阐述地理区域的综合性和差异性，解释和推导天文、气候、水文等一些公式和原理时用到讲解技能。

按其功能分为：

（一）解释式讲解

解释式讲解是指教师利用科学、准确、形象生动的语言，说明或解释某一地理概念、原理、规律的讲解方式。因其讲解内容的不同又可分为：

（1）含义性解释。教师讲解概念的含义，简要地揭示地理事物或现象的本质。例如，晨昏线：白昼与黑夜的界限称为晨昏线，它把地球分为昼半球和夜半球。

（2）翻译性解释。对一些学生不熟悉的生僻词、专有名词、特殊符号等进行翻译，帮助学生理解，如气压图中的“hPa”、地图图例中的各个符号等。

（3）说明性解释。为了促进学生真正领会和理解一些概念和原理，有时需要联系学生所熟知的事物，由近及远、由此及彼地解释。通过确定事物的相同点和差异点而达到对事物的深入认识。有时为了把那些微观的、抽象的、生疏的事物说明白，可以拿人们可见的、具体的、熟悉的事物作比较，如雪线和雪期、气候和天气等概念。

解释式讲解是对未知概念、过程、现象、符号等进行解释、说明，一般用于初级的、具体的、事实性的说明。

（二）描述式讲解

描述式讲解包括叙述式讲解，是指地理教师有条不紊地向学生描述地理事物，叙述地理事件的发生、发展、变化过程，帮助学生更好地理解和掌握地理知识的讲解方式。例如，对锋面特征的概要描述：冷暖气团的交界面叫锋面（概念）。锋面也称锋区，其水平范围沿锋面方向延伸可由几百千米到几千千米（尺度大小）。由于冷空气密度大，暖空气密度小（气团性质），当冷暖气团相遇时，一般是冷气团在锋面之下，暖气团在锋面之上（相对位置）。通过教师准确、形象的讲解，使学生在脑海中快速成像，进而习得这一知识。

描述式讲解侧重于知识的表象，很难胜任对抽象知识的传授，也难以培养学生的逻辑思维能力。

（三）启发式讲解

启发式讲解是指地理教师运用启发性的言语或教学材料，提出具有启发性的问题，引导学生回忆已学知识，建立新旧知识之间的联系，从而达到学习新知识、复习旧知识、突破教学重难点的目的的讲解方式。启发式讲解能够建立知识之间的联系，有利于学生对教材的感性认识上升到理性认识，透过地理现象看本质；符合新课程改革所倡导的探究式学习方式，使学生能够体会到探究知识的快乐，增强地理学习兴趣；能够厘清知识之间的联系，促进知识的建构和地理思维的培养，使学生掌握解决问题的思路和方法；有效的启发式讲解能帮助教师树立威信，拉近师生之间的距离，提高教师的课堂教学效率。

> 案例 5-2：城市化的标志。
>
> 教师在讲解“城市化的标志”时，给出长江三角洲地区城市发展对比图（图 5-1）。
> 师：读图 5-1 比较分析，长江三角洲地区城市发展变化特征。
> 生：城市数量增加了。
> 师（进一步启发诱导）：无锡、苏州、杭州由大城市变为特大城市表现为什么？
> 生：城市面积增大，说明城市用地规模扩大。

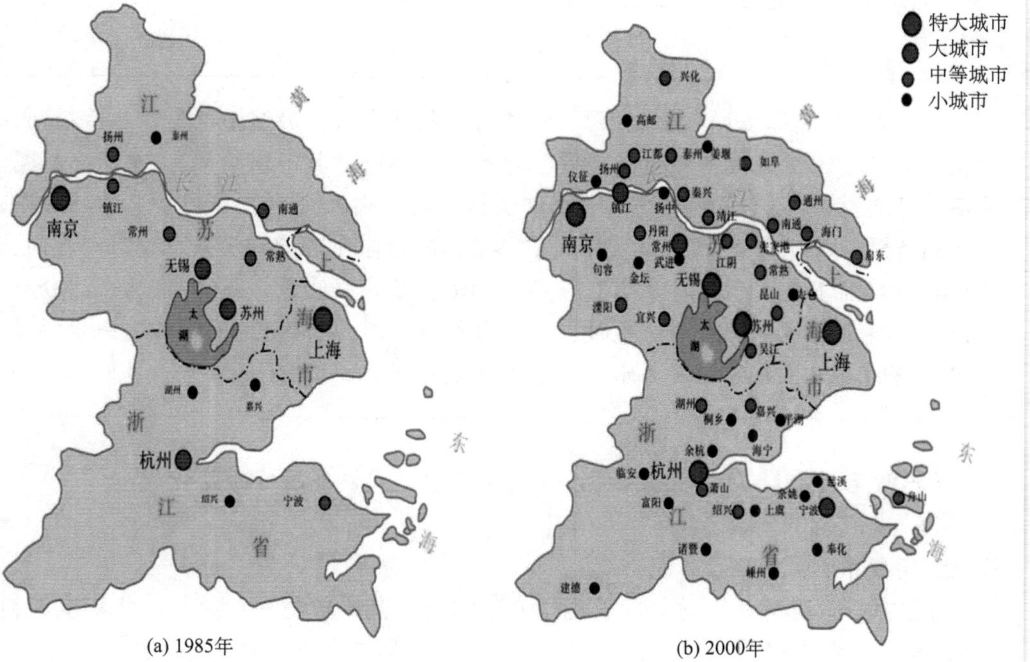

(a) 1985年　　(b) 2000年

图 5-1　长江三角洲地区的城市发展

师（接着启发）：城市用地规模为什么扩大？

生：城市人口增加了。

师：那城市人口占总人口的比重呢？

生：上升。

师：城市化的标志是？

生：城市数目增加；城市用地规模扩大；城市人口占总人口的比重上升。

【点评】案例中的教师在讲解“城市化的标志”时，并没有直接告诉学生城市化的标志有哪些，而是通过学生读图分析，教师启发诱导来帮助学生参与到课堂教学中，利用学生已有的知识经验一步步地分析问题、深入探讨问题、透过地理表象看本质，最后达到解决问题、掌握知识的目的。

启发式讲解适用于新学知识与先前经验联系密切的教学内容。能帮助学生突破重、难点知识，培养地理逻辑思维。

按其表现形式分为以下几点。

1．原理中心式讲解

原理中心式讲解是指地理教师以概念、规律、原理为中心内容的讲解。一般程序是先提出所要讲解的概念、规律或原理，并进行简要说明，使学生对其进行初步了解。然后，举例论证，使学生深入了解这一知识。最后，教师归纳总结其特点、适用范围。

> 案例 5-3[①]：在进行“自然资源”教学时，教师先用投影演示概念，然后提问：教室中的桌子、板凳是不是自然资源？学生说法不一。教师继续问：“桌子、板凳是不是从自然界直接获得的？”学生都认为不是。由此得出，人为加工的物品不是自然资源。教师再问：“台风是不是自然资源？”学生可能回答是的，教师再问：“现在台风能不能用于生产生活？”学生都语塞了。据此教师强调：“从上述分析中，可以得出自然资源有两个属性：一是自然性；二是有用性。”教师进一步解释自然资源的有用性是随生产力水平发展而变化的。

【思考与讨论】 阅读案例 5-3，分析原理中心式讲解的好处是什么？

2. 问题中心式讲解

问题中心式讲解是以解答问题为中心的讲解。其一般程序：第一，由事实材料引出问题，也可直接提出问题；第二，选择解决问题的方法，对各种方法进行分析、比较，然后确定某种比较理想的方法，进而解决问题；第三，解决问题的过程中要提供证据，进行论证，最后得出结果并进行总结。

> 案例 5-4：平原概念的讲解。
>
> 学习“平原”概念时，教师先引导学生在中国地形图和世界地形图上列举出平原的例子，提出问题：什么是平原？
>
> 教师再呈现并引导学生观察几种平原的图片和高原、盆地、丘陵、山地的图片，然后提出问题：
>
> 师：平原与高原相比，有什么特征？
>
> 生：平原与高原相比，平原海拔较低，一般在 200 米以下。
>
> 师：平原与山地、丘陵相比，有什么特征？
>
> 生：平原与山地、丘陵相比，平原地表比较平坦。
>
> 师：平原与盆地相比，有什么特征？
>
> 生：平原与盆地相比，平原范围更广大，且周围是开放的。
>
> 师：由此，可以概括出平原的本质特征是？
>
> 生：海拔一般低于 200 米，地表形态起伏较小，范围广阔的地面。

① http://www.docin.com/p-293985587.html.

【思考与讨论】阅读案例 5-4，分析问题中心式讲解的好处是什么？

3. 动作中心式讲解

动作中心式讲解是指地理教师的言语讲授与具体的操作活动相结合的讲解。它的特点是边讲边做、动静结合。

> 案例 5-5：地转偏向力的讲解。
>
> 教师在讲“地球自转的地理意义——地球上水平运动的物体受到地转偏向力的作用，运动方向向一侧偏转”时，单纯的知识讲授学生不好理解。通过实验的方式，边讲边操作，学生很容易就明白了①。
>
> 师：把一把雨伞撑开，将其比作北半球，则伞顶端代表北极，伞的支架杆代表经线。若雨伞不动，从“北极”向下用水杯倒水，则发现水珠从布上沿“经线”向“南”流动；若雨伞按地球自转方向（自西向东）匀速转动，用水杯从“北极”向下倒水，观察水珠流动轨迹是否与刚才相同；如不同，水珠偏离了“经线”的左侧还是右侧？若将雨伞逆地球自转方向（自东向西）转动，水珠如何偏离？

【点评】动作中心式讲解，如边讲边板画、边讲边板书、边讲边实验等直观性动作，有利于学生参与，增强学生的学习兴趣；激发学生的想象力，培养学生的地理思维；增强课堂美感，树立教师威信，提高地理课堂教学效率。

【技能训练】在了解地理课堂讲解技能分类的基础上，选择你认为恰当的方法对以下知识进行讲解：背斜和向斜；人口自然增长率；太阳高度角；热力环流；水循环原理。

第三节　地理课堂讲授技能的运用

一、地理课堂讲授技能的要求

（一）具有启发性

研究表明，具有启发性的讲授能深刻、准确地抓住教学的本质，引导学生独立思考，激发学生的学习兴趣，使学生有强烈的求知欲，提高课堂教学效果。启发式的讲授可以帮助学生把当前所学知识与先前的知识衔接起来，使其融会贯通，从而突破教学内容的难点，理解、掌握作为重点的教学内容。

---

① http://www.3edu.net.

案例 5-6："大气环流"的讲解。

教师在讲解"大气环流"时，按照以下顺序进行：
（1）在不同的纬度太阳辐射是相同的吗？
（2）高、低纬度的热量差异会导致什么结果？
（3）在下垫面冷热不均的情况下，气压会相应地发生什么变化？
（4）气压差异会形成一种什么力？
（5）地球上的大气环流仅仅是单圈环流吗？
（6）地转偏向力与地面摩擦力起到了什么作用？

【点评】这样讲解，由浅入深，环环相扣，层层分析，步步推进，由表及里，把学生分散的表象知识组织起来，既能加强学生对大气环流成因的理解，又可促进学生思维的发展。

（二）把握学情

奥苏伯尔说："假如让我把全部教育心理学仅仅归纳为一条原理的话，那么我将一言以蔽之曰：影响学习的唯一重要的因素，就是学习者已经知道了什么。要探明这一点，并据此进行教学。"学生学习新的知识正是借助头脑中已有的经验，通过新知识与原有知识经验的相互作用，把新知识纳入自身的认知结构中。

案例 5-7：庐山的形成。

张老师在讲庐山与鄱阳湖的形成原因时，是这样讲解的：

师：有一首古诗是这样描述庐山的："日照香炉生紫烟，遥看瀑布挂前川。飞流直下三千尺，疑是银河落九天。"庐山以它的山石、林木、云雾、瀑布而闻名天下。那么，如此秀美的庐山是怎样形成的呢？小张，你来试试？

生：不知道。

师：没关系，上单元我们学过李四光的地壳运动理论，他把地壳运动分为哪两种？

生：水平运动和垂直运动。

师：对。这两种运动分别对地层造成什么影响？

生：水平运动造成地层褶皱，垂直运动造成地层断层。

师：没错，那么断层表现为什么样的地貌呢？

生：隆起和凹陷。

师：太好了，那么，你认为庐山是怎么形成的？

生：庐山是地壳垂直运动的结果。地壳垂直运动造成了庐山的隆起和鄱阳湖的凹陷。

【点评】在这里，教师通过引导学生回顾与问题有关的知识与线索，让学生逐步完成了知识的建构与发展，自己得出结论。

（三）学生参与

教学是教师与学生的双边互动。在讲授的过程中，推动学生参与，从真正意义上促进学生的发展。教师的言语讲授一方面应触发学生内在心理活动（包括认识与情意活动），产生共鸣；另一方面是要让学生参与到某些活动中去，促进教师传授的“外在的知识”向学生“内部的经验”的转化。

> 案例 5-8[①]：教师在讲授“地球自转的地理意义——昼夜更替”这一课时，单纯的知识讲授很抽象，学生很难理解，如果通过一定的探究活动，让学生参与到其中，这节课的教学质量就提高了。在讲授时，教师可以事先在地球仪上选好几个点（如北京、伦敦、纽约），做好标志，让每个小组中的一位学生自西向东转动地球仪，另一位学生用手电筒照射自转的地球仪，其他成员观察。提出启发性问题：①当太阳光照射北京时，哪些国家在白天？哪些国家是夜晚？②将地球仪转动180°，再观察，北京和纽约是在白天还是晚上？③连续转动地球仪，观察各地（如中国和美国）昼夜更替的情况，昼夜更替的原因是什么？

【点评】通过让学生参与活动、亲身体验及积极地思考问题，地球自转产生昼夜更替这一地理现象就比较容易理解了。

（四）多种技能的互补

地理课堂讲授通常适用于传授事实性的知识。事实性知识通常以接受式学习为主，在某些知识不可能很快获得的情况下，讲授教学特别见长。对于事实性知识以外的知识类型，讲授教学必须借助于其他技能和工具。因此，为了实现教学目标，提高教学质量，在教学过程中，地理教师要注意各种教学技能的合理搭配，扬长避短。例如，在运用讲授技能时，可以辅以导入技能、提问技能、“三板”技能等，提高课堂教学效率。

（五）具备良好的语言表达能力

教师运用讲授技能使学生在行为上容易处于被动接受的地位，教师自身具备较强的语言能力是讲好课的前提。教师讲授时运用的语言要有科学性，措辞要准确，说理要有逻辑，结构要严谨，如果再生动一点就更好了。例如，一位地理老师这样描述中国冬夏季风的特点：夏季风像个体形肥胖的小脚女人，姗姗来迟，走起来摇摇晃晃，走三步，停两步，喘口气，再艰难地向前迈几步……冬季风却像个短小精悍的小伙子，他一来，犹如猛虎下山，一泻千里，席卷大半个中国……这样生动、

① http://www.3edu.net.

形象的描述使学生更容易理解我国冬夏季风的运动特点。

【思考与讨论】讲授就是“以教师为中心”吗？讲授不利于因材施教吗？讲授一定就是机械学习吗？分组讨论以上三个问题，把讨论结果与大家分享。

二、地理课堂讲授技能的应用原则

第一，目标明确、准备充分。讲授某节课之前，教师要先明确本节课的教学目标，然后围绕这个目标来进行讲述、讲谈、讲解。目标最好是具体的，可以测量的。此外，讲某一节课之前教师要自己先认真地钻研教材、分析教材、了解学情，做好充分的准备；明了本节课的重点和难点，找出适合的讲授方法；厘清知识间的联系，便于学生更好地进行学习。

第二，讲授的过程合理、例证贴切。课堂讲授过程要合理组织、条理清楚、逻辑严密、结构完整、层次分明。论证某一原理时，教师应能够摆出具体的事实，说清其中蕴含的道理，采用学生易于理解的方式进行讲授。举例时，最好能够列举现实生活中的实例，让学生体会到地理与生活是息息相关的，学习地理对生活是有用的。

第三，讲授要有针对性。综合考虑学生的年龄、性别、兴趣、能力、背景，以及学生的知识水平、认知能力和以往知识掌握状况，有针对性地进行教学。

【思考与讨论】实行新课程改革以后，有人针对教师在课堂上的讲授，提出了“三不讲”：不讲学生已经会的；不讲学生通过自学也能会的；不讲教师讲了学生也不会的。你如何看待“三不讲”？

三、地理课堂讲授技能的注意事项

从课堂教学的实际看，任何教学技能都有其适用性，而且每种教学技能都是作为整个教学过程的组成部分而存在的，因此教师在实际运用教学技能时，必然要进行选择与组合。

地理课堂讲授在指导学生掌握系统的结构化知识、充分发挥教师的主导作用方面有着明显的优势。但也应当看到，讲授固有的单向传输所引起的学生主体活动不足，也常受到人们的非议。因此，地理教师要创造性地运用讲授方式，扬长避短，更新理念。

第一，注意语言技能的运用，如语速、语音、语义、语调、音量等。合适的语速、语调能够缓解地理课堂学习的紧张气氛；激发学生学习地理的兴趣；集中其注意力；对学生学习普通话也有一定的帮助。

第二，注意讲解的阶段性。人通过听讲而获得信息的效率非常高，但信息的保持率却不高。约瑟夫•特雷纳曼的实验表明：听讲的时间越长，信息保持率越低。此外，从学生的注意维持时间的角度，有人提出小学、初中学生讲授 10~20 分钟为宜，高中生以 20~30 分钟为宜，大学生及成人以 30~60 分钟为宜。因此，在讲解的过程中，一方面要注意一次讲解时间不要太长，长时间的讲解易使学生产生厌学的情绪，还会使学生注意力涣散，不利于教学目标的实现。可以分几段进行，也可以考虑穿插一些与教学内容有关的活动、练习或者提问等。另一方面，要注意单位时间内的信息量，如果时间不长，但讲授的内容很多，也不利于学生信息的保持。

第三，注意突出重点。在地理课堂讲授中，对待教学内容，不需要面面俱到地讲，而应该有所侧重。从学科知识的角度，应该侧重讲授知识结构中的重点；从学生认知的角度，应该侧重知识中的重点、突破难点。地理教师在讲授过程中，要对重点和难点加以提示和停顿，注意变化技能的运用，提高教学效率。

第四，注意反馈、调节。教师在讲授过程中要注意观察学生的面部表情变化，通过这些细节变化来及时地调节教学过程。此外，讲授过程中，要加强师生之间的互动，以求地理课堂讲授更加灵活，达到理想的教学效果。

第五，注意多种技能的合理配合。在地理课堂讲授过程中，尽量配合其他的教学技能，如读图、用图技能，提问技能，板书技能等。讲授技能并不是孤立的，它与其他技能是相辅相成的，多种技能的综合运用、合理配合有利于调动学生的积极性，帮助学生更好地识记和理解知识。

第六，注意启发诱导，进行有意义的学习，促进学生的地理知识建构。奥苏伯尔曾说过："讲授法从来就是任何教学法体系的核心，以后也有可能是这样，因为它是传授大量知识唯一可行和有效的方法。"为了使讲授技能一直延续下去，地理课堂讲授要与时俱进，适应新课程改革。在地理课堂讲授过程中，要注意启发诱导，进行有意义的言语接受学习，促进学生地理知识的建构。

【课后训练】

（1）观点辨析：把全班分成两组以辩论会的形式辨析讲授教学是否等于满堂灌、填鸭式、注入式教学。

（2）比较分析：要求学生结合课本所学知识与课外调查，列表比较各种讲授类型的优缺点、适用范围、在使用过程中应注意的问题。

（3）微格训练：节选地理课本某一内容，综合运用不同讲授类型进行试讲，并运用地理课堂讲授技能评价表对试讲内容进行评价。

【展示与评价】

（1）要求每组课后录制一节讲授微课，课上进行展示，让其他小组成员运用地理课堂讲授技能评价表（表 5-1）对其进行评价，并对评价结果进行分享与总结。

（2）学生的微格教学录像上传至课程学习 QQ 群，同学之间进行观摩点评。

表 5-1　地理课堂讲授技能评价表

项目	评价内容	权重	优	良	中	差
			90~100 分	80~89 分	60~79 分	<60 分
1	科学性	0.20				
2	启发性	0.10				
3	讲授方法多元	0.20				

续表

项目	评价内容	权重	优	良	中	差
			90~100 分	80~89 分	60~79 分	<60 分
4	辅助媒体运用得当	0.20				
5	语言流畅、简练、生动	0.20				
6	教态自然大方	0.10				
得分						
综合评价						
改进的意见和建议						

【唤起关注】放下偏见，重识讲授。

新课程改革实施以来，地理教学越来越注重以学生为本，要求教师由教授学生知识向教会学生学习转变，特别注重学生对知识的自主探究。在这种形式下，地理课堂讲授面临严峻的挑战，对地理教师的要求也越来越高。在新课程改革的视野下，地理课堂被赋予了全新的使命，旨在促进学生全面发展。这就需要地理教师在进行知识传授的同时，致力于培养学生的自主学习能力和终身发展所需要的能力，敢于打破传统的讲授模式，注意讲授技能与提问技能、板书技能、导入技能、总结技能等其他课堂教学技能的配合使用，以期高效地完成每一节地理课的教学目标。

【收获与感悟】

通过本章的学习与训练，我的收获与感悟：

第六章　地理教学媒体技能

子曰："工欲善其事，必先利其器"。教学媒体是在传播知识、技能和方法的过程中，储存和传递教学信息的载体和工具。课堂教学过程中适时选择合适的教学媒体，可以：为课堂教学提供丰富、感性的资料，拓展视野；激发学生学习兴趣，引导学生开展探究活动；集中学生的课堂注意力，加深其对知识的理解。同时，让学生学会正确的读图方法，提高学生的观察能力。随着信息技术的飞速发展，教学媒体手段不断推陈出新，掌握和灵活运用各种教学媒体是新时期地理教师必备的技能。

【训练目标】

（1）了解教学媒体技能的概念和教学媒体选择的依据。

（2）掌握重要图表的判读方法。

（3）熟练运用地理教学的"三板"技能。

（4）熟悉计算机等现代媒体在教学中的运用。

案例 6-1：太阳高度变化在生活中的应用——以楼房采光为例。

教师自制带有磁铁的太阳和楼房贴图，吸附在黑板上再用粉笔画出太阳光线和地平面，如图 6-1 所示。

设问：某房地产开发商拟建一栋楼房，其位置选择是否恰当？为什么？（学生读图、贴图，根据图示移动贴图，说明理由）

在此基础上还可以进行以下探究活动：

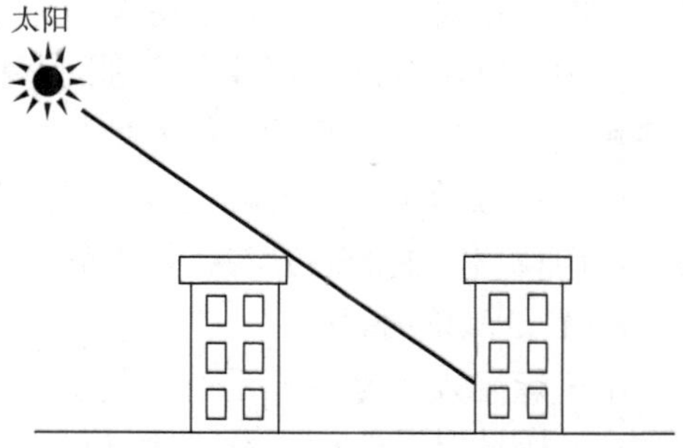

图 6-1　楼房采光示意图

（1）影响楼房正午采光的因素。

（2）以某地区为例探究一年之中正午太阳高度的变化与楼间距的关系。

（3）一天中太阳高度变化对楼房采光的影响。

（4）居民小区的合理布局方案（采光问题、成本问题、地形问题等）。

【思考与讨论】本案例教学中运用了哪些教学媒体？这些教学媒体对课堂教学有什么作用？

第一节　教学媒体技能概述

一、教学媒体技能的概念

教学媒体是教学内容的载体，是教学内容的表现形式，是师生之间传递信息的工具，如实物、口头语言、图表、图像及动画等。教学媒体往往要通过一定的物质手段来实现，如书本、板书、投影仪、录像机及计算机等。教学媒体技能是教师运用实物、模型、图片、图表、动画、声音等进行教学，实现信息传递、信息加工的能力。

教学媒体一般可分为两大类，即传统教学媒体和现代教学媒体。一般认为，传统教学中所使用的黑板、粉笔、教科书、挂图、模型、教具等称为传统教学媒体。随着现代科学技术的发展，被开发引进教育领域的一批现代传播媒体，如语音实验室、多媒体电教室、电子阅览室、微格教室、多媒体电脑机房等，都被统称为现代教学媒体。

二、教学媒体的作用

1. 提供丰富的感性资料

学习的过程往往是教师带领学生进行探究新知识的过程，需要教师提供丰富的感性材料，创设探究情景，引导学生开展探究活动。学习过程往往开始于对感性材料的认识，基本概念、规律和原理的建构往往也从认识事实材料开始，而最终又要迁移解决新的事实性问题，如五种基本地形（图 6-2）。

通过带领学生观察五幅图片，经过分析、比较，从中总结出五种地形各自的特点，从而找出它们的差异与相似之处。

2. 展示规范的操作

由于运用媒体是教师用规范的操作来完成的，学生能够观察到正确的操作技术和方法，因此是对学生进行正确操作训练的重要步骤，是培养学生实验技能的基本环节。

3. 激发兴趣，集中注意力

一个单元内容或一节课的开始，运用媒体进行导入，能引发学生强烈的好奇心，集中注意力；适时地运用媒体能够使学习过程张弛有度，节奏分明，有利于提高课堂效率。例如，湘教版高中《地理Ⅲ》“湿地资源的开发与保护”一节的讲授中可以先展示一系列精美的图片，让学生对“湿地”有一个直观的感觉，从中找出它们的共性特点，再总结湿地的概念。

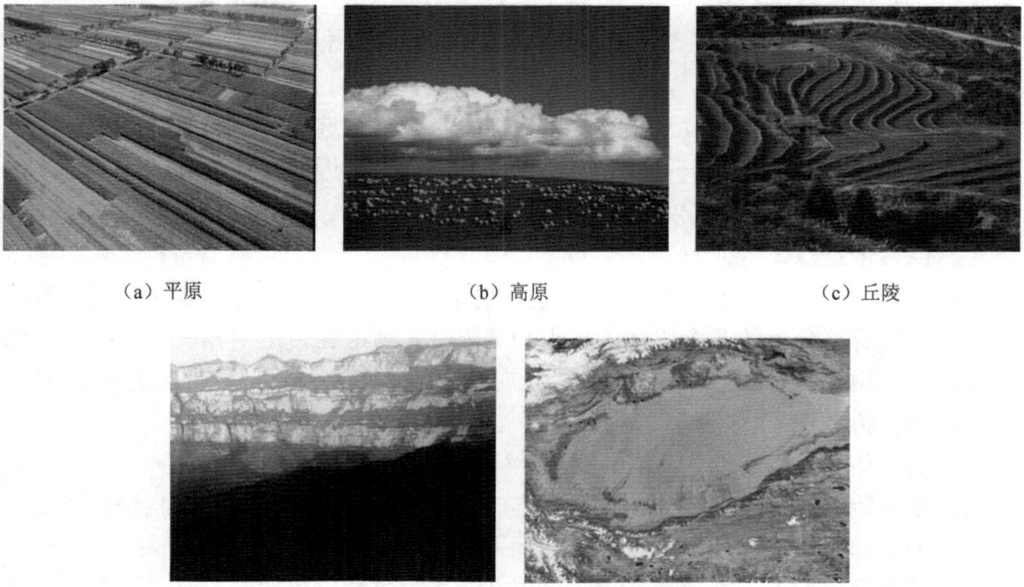

（a）平原　（b）高原　（c）丘陵

（d）山地　（e）盆地

图 6-2　五种基本地形

4. *扩大学生的视野*

教学中的一些背景知识是学生生活经验中不具备的或者印象不深刻的，通过教师的课堂媒体运用，放大微观、凝固运动、扩大经验，便于学生进行观察，获得对事物的感性认识。

5. *发展学生的观察能力*

教师运用媒体的过程也是指导学生观察的过程，通过教师的指导发展观察能力，激发学生的观察动机，明确观察目的[①]。

三、教学媒体选择的依据

教学媒体的种类繁多、性能各异、各具优缺点，任何一种媒体都是不可能绝对满足一切教学需要的。应该对各种教学媒体进行优化组合，使其在教学过程中交互应用，扬长避短，提高教学媒体的整体效应，取得最佳的课堂教学效果。

（一）依据教学目标

每门课程、每个单元、每节课都有一定的教学目标，为了达到不同的教学目标常常需要使用不同的媒体去传递教学信息。

① 教师课堂媒体运用技能[OL]. 2015-12-12. http://www.docin.com/p-1389400445.html.

（二）依据教学内容

不同学科的教学内容、性质不同，对教学媒体会有不同的要求。

（三）依据教学对象

不同年龄阶段的学习者对事物的接受能力不一样，选用教学媒体时必须顾及他们的年龄和心理特征及知识背景。另外，在两种效果接近的媒体中进行选择时，也可适当考虑学生的习惯和爱好。

（四）依据媒体特征

各种教学媒体具有不同的适用性。在实际应用中，只有最适用媒体，而没有最优媒体。只有充分了解各个媒体的优点和局限性，才能在使用中扬长避短，对它们进行综合应用。例如，能用实物观察的，就无须用图片和视频；能动手实验操作的，就无须用模拟教学。

（五）依据教学条件

教学中能否选用某种媒体，还要看当时当地的具体条件，其中包括资源状况、经济能力、师生技能、使用环境、管理水平等因素[①]。

【思考与讨论】以湘教版高中《地理Ⅱ》第一章第三节“人口迁移”为例，思考本节课能用到哪些教学媒体？

第二节　地理课堂图表技能

“图表是地理学的第二语言。”图表最大的特点是形象直观，既可表示各事物和现象的空间位置与相互关系，反映其质量特征与数量差异，又能表示各事物和现象在空间和时间中的动态变化，在传递空间、环境信息方面占有绝对优势。因此，利用图表既可巩固地理知识，又能给学生提供更为丰富的信息，适用于不同层次学生的地理学习。

一、地理教学图表应用技能的类型

在地理教学及地理考查中图表类型众多，教师需要掌握每种图表的解读方法。常见的地理图表可分为以下五种。

（一）地理景观图

地理教学中，大量的地理景观图直观地呈现在学生面前，可加深学生对地理事物的印象，增加其感性认识。教师在指导学生阅读景观图时，要将景观特征向学生表述清楚，以加强学生对教材内容的学习和理解。随着教学的进展，一系列景观图的阅读训练，使学生既学习了地理知识，又提高了地理景观图的观察与学习能力。

---

① 教学媒体选择的依据[OL].2011-03-09.http://blog.sina.com.cn/s/blog_6c3010080100rpb9.html.

（二）地理表格

统计表格是地理统计信息资料的分类列表展示形式。解读统计表格要注意以下几点。

（1）认清表名及不同表格项目所表示的要素和内容。

（2）抓主线要素，综合分析地理规律。表格中虽然展示了多项地理要素，但是有主次、轻重之分，主线要素是多项地理要素中的主要因素。

（3）对地理统计数据进行定量、定性分析。大多数表格可以直接观察到地理事象的强弱、大小和多少等规律变化。解读表格重在认识表格统计中反映的地理原理和地理规律，也就是从理性上升到定性认识。

（4）注意对表格中地理事物进行横向类比分析。类比分析地理事物的相同、相异、相反和相似点，可以更清楚地认识地理事物的共性，更深刻地认识地理事物的特点。

（三）地理坐标图

地理坐标图是表示地理事物的形成演变过程、结构变化、分布规律等的直观表现方法。地理事物的变化数值可以用点标值，也可以各点之间用线段平滑连接。纵坐标既可以是数量级的递增，也可以用百分比来表示。坐标图的判读分析中，尤其要注意曲线或折线变化的起点、终点、转折点的特殊变化，从中发现规律及突出特征。

（四）等值线图

等值线图是高中地理考查中很重要的一种图表类型。其判读包括：看图名、看数值特征、看疏密、看走向、看等值线形状、看弯曲、看闭合、综合分析应用。

（五）地理示意图

1. 地理原理示意图

地理原理示意图是反映地理事物的成因、原理和规律的图形，如地球公转示意图、太阳光照示意图等。

判读方法：①识别图中表示的是何种因素的地理事物联系过程。②注意根据图中箭头方向、线段的纵横关系等信息判读。③弄清事物的形成或变化过程，判断各因素之间的因果联系。

2. 地理发展过程示意图

地理发展过程示意图是指反映地理事物时间、空间变化过程及规律的图形，如锋面雨带推移示意图、水循环示意图等。地理变化示意图还有的以地理统计图形式出现。

判读方法：①明确识别纵横坐标的单位数值，判断其大小变化和重要数据落点位置。②根据数值变化或曲线变化规律，提取和推断其变化的趋势。③联系相关知识，进行分析、推断并获取答案。

3. 地理关联示意图

地理关联示意图通常是借助带箭头的线段将地理事物的形成、内部结构、外部特征、发展趋势等要素联系起来，表示各要素间相互联系、结构特征及演变规律的组合图形，如人口增长与粮食生产图、农业布局图等。

判读方法：①认真读图，明确图中显示了哪些要素。②利用所掌握的概念、原理、分布规律等知识进行联想、推断，验证图形的表示方式。

二、地理课堂图表教学有效性的方法

（一）精选地理图表

1. 贴近学生生活

生活化是地理新课程的内容取向，只有回归生活情境的地理图表，才能有效激发学生自主学习的欲望，理解地理学科的实用性。

2. 贴近学生兴趣

兴趣是最好的老师，激发学生学习兴趣的图表选择有以下原则：①反差性。地理图表所显现的“事实”与学生既有认识之间的反差，带来了学生对新认知探求的极大热情，有效激发了其求知欲。②最新性。对最新发生的事情怀有强烈的好奇心是人类共有的天性，通过新闻或生活图表导入教学内容，引发学生对学习内容进行探究的极大兴趣。③参与性。渴望走向独立的中学生，参与意识强，在课堂上也同样渴望形成和展示“自己的作品”，表达自己的想法和个性。让学生主动参与地理图表的制作与收集，可提高学生的学习兴趣。

（二）有效的地理图表教学设计

借助地理图表，使学生清晰地形成分析地理问题与现象的基本思路：“在什么地方—看到了什么—有什么区别—为什么—怎么样—怎么办”，并经历“有效信息的提取—信息的综合归纳并提炼生成地理特征—比较地理特征的差异—分析地理特征差异的成因—地理特征差异对人类生产、生活的影响”的思维过程。学生既习得了基本的地理图表阅读能力，也内化了“综合性”“地域性”的地理思维方式和地理观点。

（三）注重地理图表教学的课堂检测反馈

反馈—矫正是进行目标教学、优化课堂教学结构的有效途径。地图和地理知识好比“骨”和“肉”的关系，地图犹如“骨架”，只有让学生把地理知识附着在“骨架”上，才能获得更丰富的地理知识。因此，在地理教学中，应充分利用地图加强反馈信息并加以矫正。

三、挂图和读图方法

（一）选择地图

教师在备课时应当紧扣教学内容选择地图。每节课都有一两幅主图，其余均为辅助地图。主图所反映的地理事物和地理现象应能够突出教学重点，内容力求单一、明确。辅图配合主图使用，应注意一节课总的用图量一般不超过三幅。

（二）地图的展示

地图位置适当，以全班学生都能看清为宜。出示适时，在课堂教学中，讲到相关内容时再出示地图。准备充分，教师在备课时应当认真检查各种地图的展示媒体，思考在何时以何种形式运用何种地图说明所讲的地理问题。如果运用电子地图，应当考虑机器的意外故障，做好两手准备。

（三）教师指图

在教学地图运用的过程中，指图是最基本的一项技能。指图应正确规范、快慢适中、讲指一致。对不同形式的地图符号，采取不同的指图方式。例如，点状符号应准确指在符号上，线状符号要沿走向或起始点指示，面状符号应当沿边界线指示。快慢适中是指指图时要掌握好速度。过快，学生的观察、思考、记忆跟不上；过慢，则不能调动学生的积极性。讲指一致即讲课与指图要相互配合，同步进行。

（四）地图的运用

运用地图讲解地理问题时，地图应当与教学内容紧密配合；强调师生互动，在运用地图教学的过程中，要与学生配合进行，切忌教师单方面的用图和独白式的讲述；主辅配合，以挂图或电子地图为主图，辅以学生的地图册、教材中的地图、略图、教师的手绘板图或板画等，加强学生对地图的阅读、理解和记忆。

【技能训练 1】每位同学自主选择一个知识点及与其相配套的地图，向同组同学展示自己的选图、指图等，同组同学相互讨论，指出各自优缺点。

【技能训练 2】地理坐标图判读：读图 6-3，解答以下问题。

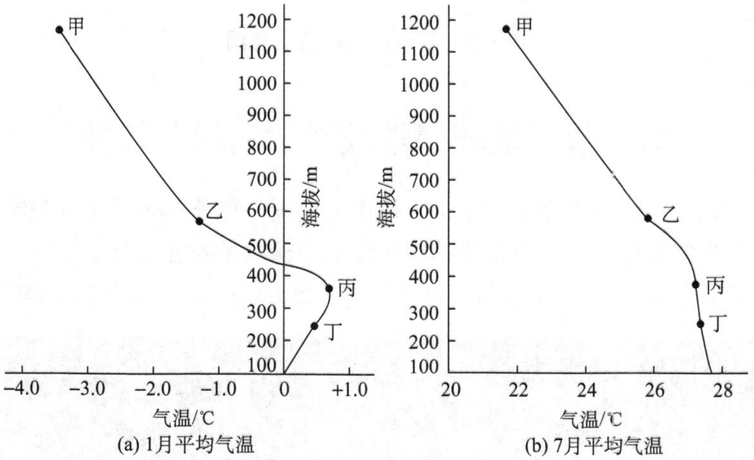

图 6-3　我国某山 1 月和 7 月平均气温垂直分布图

（1）图中甲、乙、丙、丁四地年温差各为多少？

（2）判断该山山顶是否有永久积雪，并说明原因。

【技能训练 3】等值线图的判读：读图 6-4，解答以下问题。

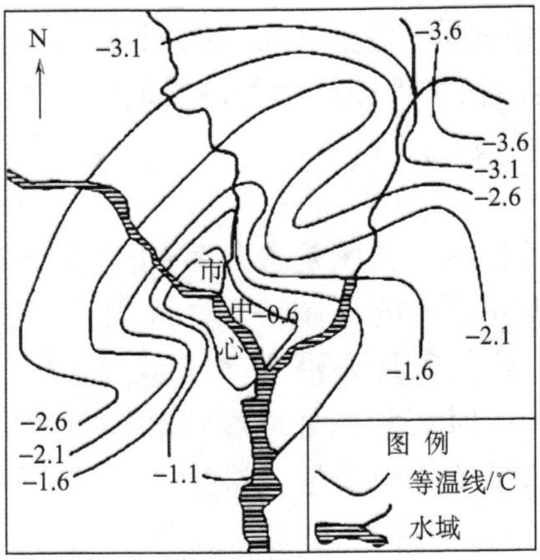

图 6-4　北半球某平原城市冬季等温线分布图

（1）该城市可能位于（　　）

A. 回归线附近大陆西岸　　　　B. 40° N 附近大陆西岸

C. 回归线附近大陆东岸　　　　D. 40° N 附近大陆东岸

（2）市中心与郊区的气温差异导致市中心与郊区间形成热力环流。画出该热力环流的示意图，并简单分析该环流对城市中心的影响（图 6-5）。

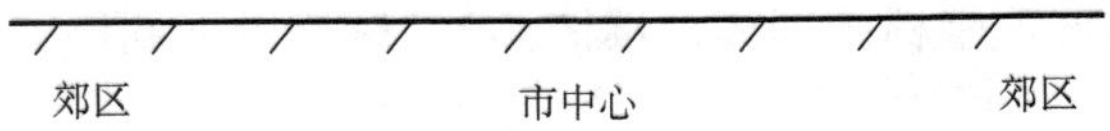

图 6-5　城市热力环流示意图

第三节　地理课堂教学“三板”技能

地理“三板”即地理教学中的板书、板图、板画，它是以黑板作为教学中文字、符号、图像等信息的载体，用各色粉笔的写、画来表现教学内容的常规手段，具有简便易行、反应迅速、经济实用、信息容量大、直观效果好等优点，如图 6-6 和图 6-7 所示。

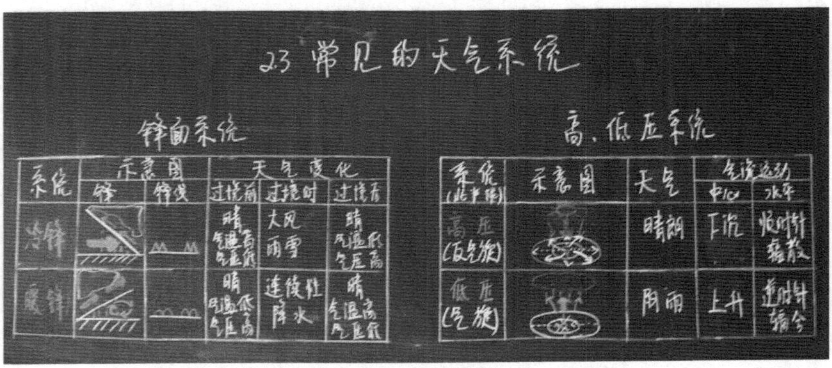

图 6-6　“常见的天气系统”板书设计

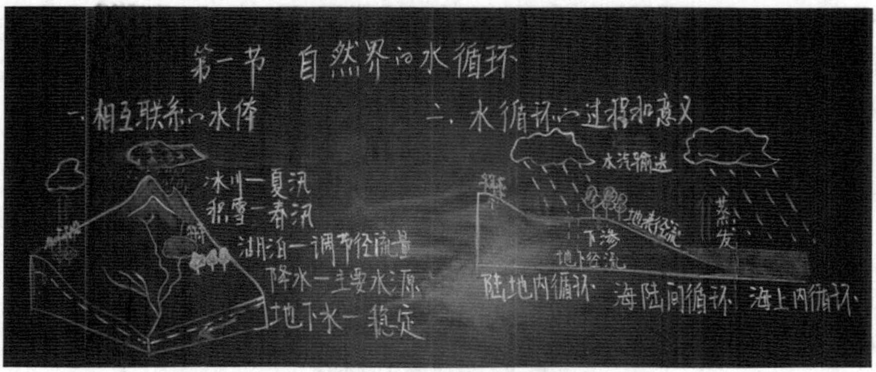

图 6-7　“自然界的水循环”板书设计①

一、地理板书技能

地理板书技能是指地理教师根据教学目标，在钻研教材的基础上，利用黑板，以凝练的文字语言、图表和符号等形式，传递教学信息的教学行为方式。板书技能由板书的设计和板书的运用（实施）两个方面构成。设计侧重于内隐的技能，运用侧重于外显的技能。

（一）地理板书设计的原则

1. 科学性原则

这是板书设计最基本的原则。地理板书要注意内容的科学性和形式结构的合理性，板书的文字、符号要准确无误。各种正确的文字符号、图表应按一定的形式组合起来，形象直观、简明扼要地表达地理概念、地理原理。

2. 简明性原则

板书贵在扼其要点，删繁就简。板书简明扼要，能起到提纲挈领的作用，有益于教师按照提纲挈领的思路讲课，也有益于学生按照提纲挈领的思路去理解和记忆知识。板书简明扼要还有节省时间、提高效率的好处。例如，澳大利亚的特征可简化为“南、大、孤、稀”，青藏高原的特征可概括为“高、大、新”等。

3. 启发性原则

地理板书承担发展智力、培养能力的任务，要做到内容设计和形式布局具有启发性。图表、图解式板书有助于启发学生的思维和进行逻辑推理，提高其理解记忆能力，也有利于学生掌握知识内容的层次性及知识的内在联系。

4. 美感性原则

地理板书布局要合理，板书层次设计一般不超过 3 级，若有板图出现时，板书、板图应协调配合。板书整体布局的要求是均衡和对称，要把重要的东西放在黑板中

① 孙永河．高中部教师板书评比揭晓[OL]. 2008-01-17.http://www.neyc.cn/（S（sg0ke1jom5lgf0uls3x0dt55））/Item.aspx?id=3976.

间的显赫位置，给人以平稳、舒服和美的感觉。注意图文并茂，结合文字、几何图形、地图等，配上简单明快的图画，如景观、物产等，就更加生动形象，突出地理学科的特点（图 6-8）。

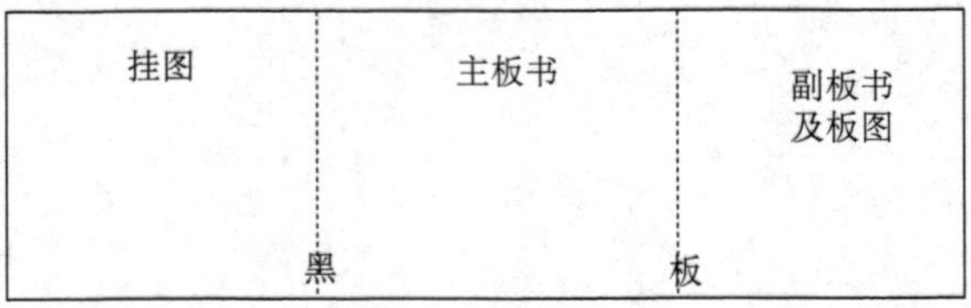

图 6-8 地理板书的布局

（二）地理板书的类型

地理教学中，根据教学内容的不同可以选择不同的板书形式。

1. 纲目式板书——有助于突出教学重点

纲目式板书是将上课的内容按一定顺序把若干条简明扼要的纲目一一列出，能清楚地反映某一地理事物的属性，突出讲解的内容，适用于论述性的知识或者多因素综合分析方面的内容，如图 6-9 所示。

一、概念

人口迁移是指人们变更定居地的空间流动行为。

二、分类

1．国际迁移：①永久性移民；②外籍工人流动；③国际难民定居。

2．国内迁移：行政区→行政区。

图 6-9 “人口迁移”板书设计

2. 纲要图解式板书——可完整反映地理事物之间的联系

纲要图解式板书能反映地理事物之间的内在联系，它的形式是将讲授的内容，按地理事物间的内在联系和特点，列成比较完整的简明扼要的结构表（可分为并列式、从属式、因果式、过程式和交叉式等），使人一目了然，如图 6-10 所示。

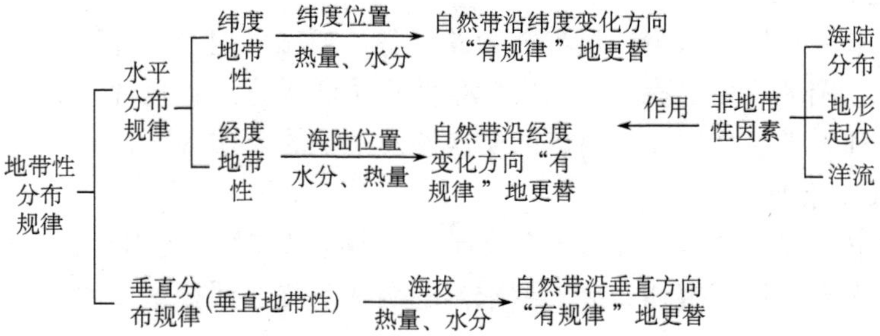

图 6-10 “地理环境的差异性”板书设计

3. 表格式板书——在不同的地理事物间形成鲜明对比

表格式板书适用于两种或两种以上事物的对比，可加深对事物特点的认识，有利于培养学生的分析、概括能力，如图 6-11 所示。

降水类型	空气运动(图示)	空气运动原因	降水特征				时空分布
			强度	历时	范围	天气	
对流雨		对流上升	大	短	小	风暴雷电	赤道及两侧、夏季中纬大陆
地形雨	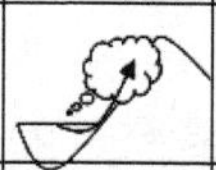	地形抬升	较大	较长			山地迎风坡
锋面雨		锋面抬升	小	长	广		中纬地区
台风雨		气旋上升	很大	短		狂风暴雨	低纬大陆东部

图 6-11　“降水类型”板书设计

4. 思维导图式板书——培养逻辑思维能力

思维导图以图文并重的形式，把各级主题的关系用相互隶属与相关的层级关系表现出来。思维导图对知识的习得是在原有知识点基础上的学习，是对原有知识的同化和顺应，是一种有意义的建构学习。

思维导图式板书将知识层次化、系统化，抓住其本质内容，突出重点、难点，解释规律、原理，使知识脉络清晰、明了。思维导图能把教材由厚变薄，学生还能将知识点由点扩散到面，梳理知识结构，提升思维能力，如图 6-12 所示。

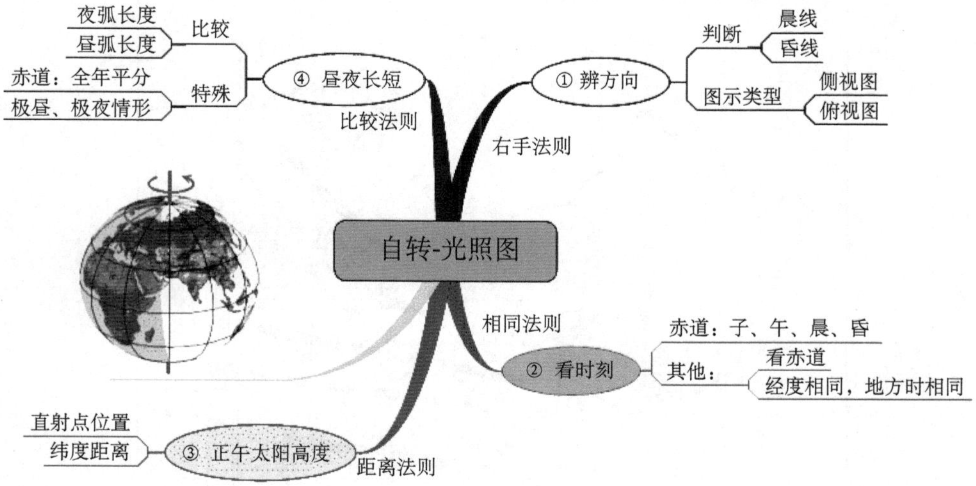

图 6-12　“光照图的判读”板书设计

二、地理板画技能

地理教学板画又称黑板画，是指地理教师根据课堂教学的实际需要，凭借自己的绘画技巧，用简单的笔触在黑板上迅速画出的地理事物静态景观、变化过程和运动状态的黑板画。它要求地理教师抓住地理事物的显著特点，用最简练的笔法迅速地绘制。板画是以简单清晰的线条把地理事物的特征勾画出来。地理板画是简化了的图像，多以简笔画呈现给学生，一般要求图画与实物尽量相似，色彩与地理事物的实际尽量相符。

（一）地理板画运用的要求

它要求地理教师抓住地理事物的显著特点，用最简练的笔法迅速地绘制。地理板画要求线条流畅、简练、色彩鲜明、富于表现性，使学生看后清晰明了。与教师的语言配合，边讲边画；与地图配合，边指图边画；与演示直观教具相配合，边演示边画边讲。

（二）地理板画的类型

1. 形态画

形态画是地理事物在某一瞬间的静态景观素描图，能表示各种地理事物的外部形态和特征，如图 6-13 所示。

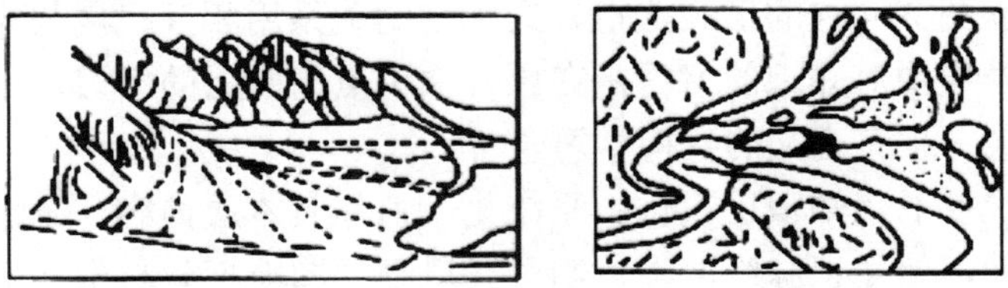

(a) 冲积扇　　(b) 三角洲

图 6-13　冲积扇和三角洲

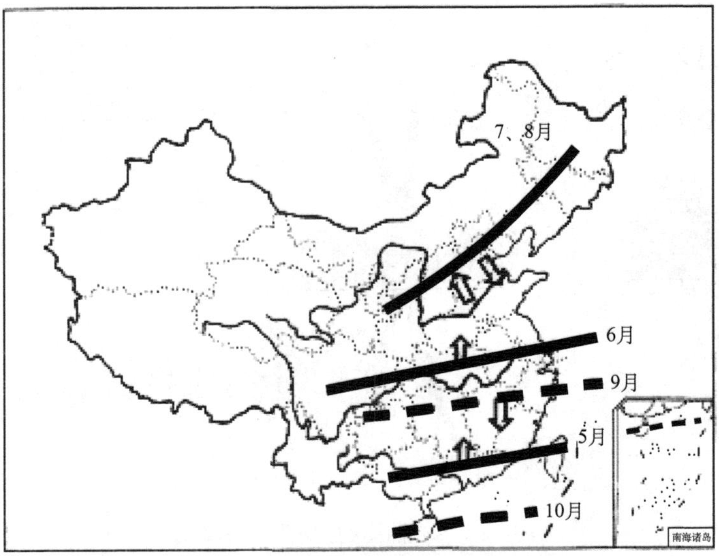

图 6-14　锋面雨带在我国的移动过程示意图

2. 过程画

过程画是随着地理事物的发展变化，按时间顺序边讲边画出其形成过程，如图 6-14 所示。

3. 动态画

动态画是用关键词、简单的线条和箭头，显示各种地理事物和现象的运动状态，边讲边画，体现地理事物的变化及其相互关系，如图 6-15 所示。

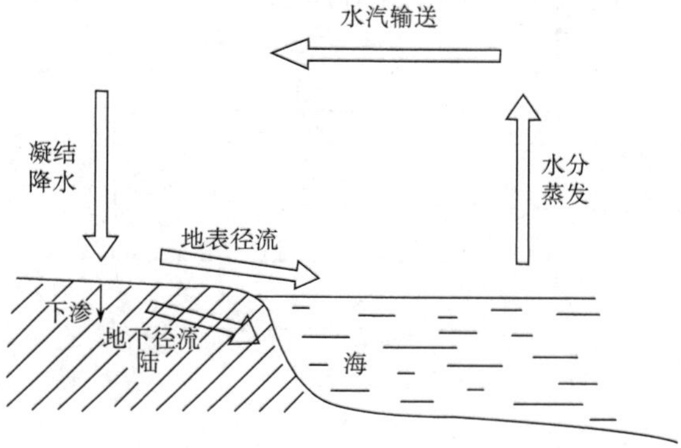

图 6-15　海陆间水循环过程示意

【技能训练】绘制背斜成谷的形成过程示意图。

三、地理板图技能

板图是教师用简易的笔法迅速地在黑板上画出简略的地图或图表，所以板图也叫黑板略图。地理黑板略图一般只取形似，不计细节，旨在抓住特征，突出重点，说明地理事物。

（一）地理板图技能运用的要求

1. 板图形式简略、美观

要求线条流畅、简练、清晰；色彩鲜明、爽目；富于表现性，使人看之悦目。切忌支离破碎，随手乱画，为此必须做好原图的简化工作。

2. 内容准确，重点突出

突出地理科学性，明确图上各种地理要素之间的关系，表达的主要地理事物和现象。

3. 作图迅速，与语言同步

要具有熟练的作图技巧，迅速成图；应与教学语言配合协调，同步进行。切忌为作图而作图。

（二）地理板图的类型

1. 几何略图

几何略图是用几何图形表示某一地区的轮廓，是最简单地表现地区范围和位置的方法。这种画法轮廓误差较大，但相对位置和面积比例正确，最适宜表现与之有关的其他地理事物的分布状况和特征。

世界几何轮廓略图能客观地体现全球各大洲、大洋的空间相对位置，应用于对世界轮廓精确程度不高的教学，如图 6-16 所示。

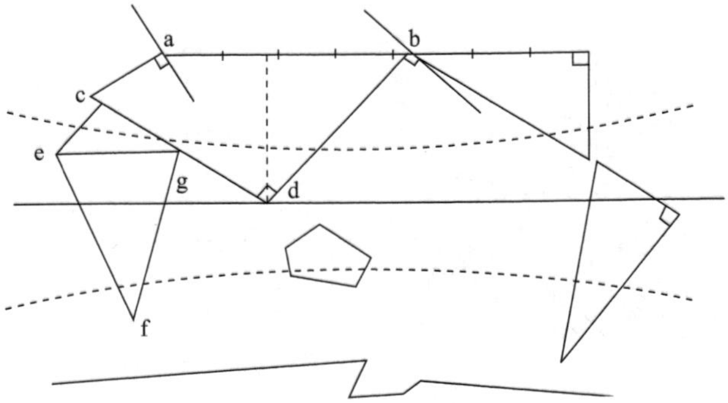

图 6-16　世界几何轮廓略图

2. 折线略图

折线略图绘画时舍去详图中小的弯曲，用折线画出轮廓。一般用来表现某个地区内部各种地理事物的分布，比几何略图更为精确，如图 6-17 所示。

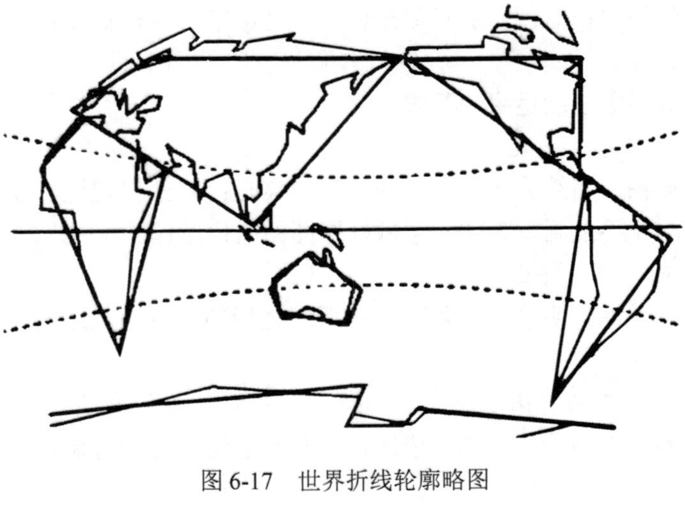

图 6-17　世界折线轮廓略图

3. 曲线略图

曲线略图是用曲线描绘的黑板略图，比折线图准确。这种图要求教师对地理事物的形状、比例及位置关系有准确、清晰的认识。初画曲线图时可先轻轻地画出折线，以折线做骨架控制大的轮廓，然后在折线图的基础上逐段雕琢，以加工成曲线略图，如图 6-18 和图 6-19 所示。

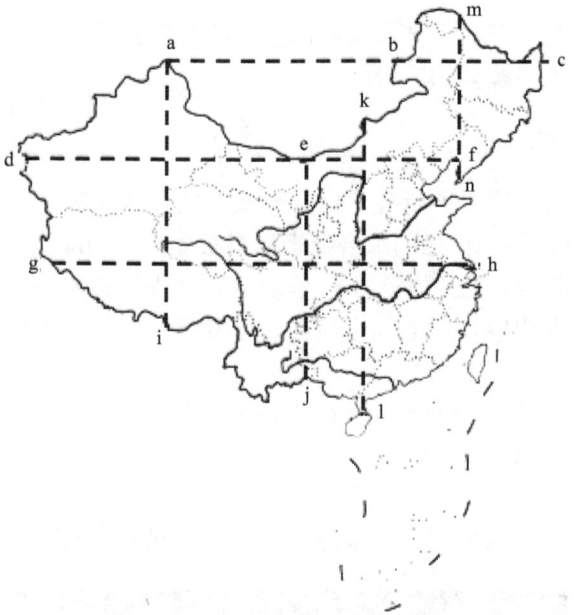

图 6-18　中国轮廓图

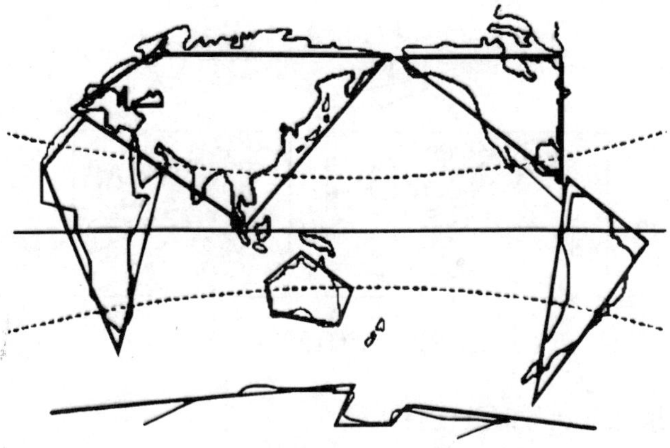

图 6-19　世界曲线轮廓略图

【技能训练】绘制中国轮廓图、世界轮廓略图。

第四节　地理课堂教学现代媒体技能

一、现代教学媒体概述

现代教学媒体是随着科学技术发展而产生的新型教学媒体，又称电化教育媒体。这里重点介绍计算机多媒体的应用。

二、计算机多媒体的应用

计算机多媒体可以同时展示几乎所有形式的地理教学资料，运用 Power Point、Prezi 等相关软件进行各种信息的综合处理和有机集成，制成教学课件。在地理教学中，它能通过动画模拟、局部放大、过程演示等手段，解决抽象、复杂变化过程、空间想象结构等方面内容，还能创设情景，激发学生的学习兴趣，培养学生观察、分析、想象、思维能力。

本节以应用最广泛的 Power Point 制作的 PPT 课件为例，介绍计算机多媒体在地理课堂教学中的应用。

1. 图像图形类

应用图像和图形可以直观、形象地介绍某个地理事物或现象，如图 6-20 所示。

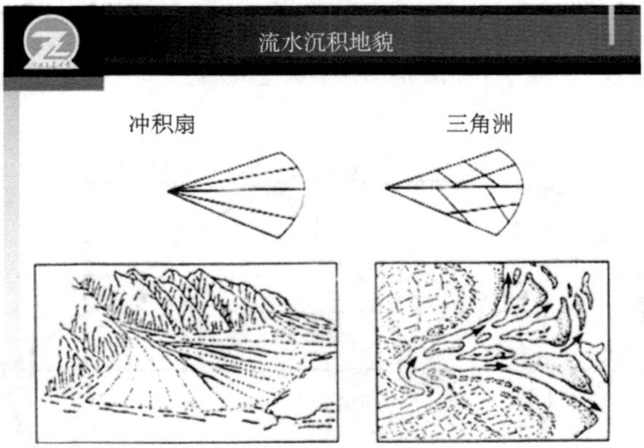

图 6-20　图像图形类课件

在制作、使用地理课件时要注意：

（1）图像、图形数量的控制。在一个页面内及一定时间内，图像、图形的使用数量一定要控制。如果一个页面中需要展示多张图，可以采用叠加的方式，逐个显示。

（2）图像、图形与文本信息的配合。呈现图像、图形时，要配用恰当的文字说明及强调。例如，在展示由风力侵蚀形成的风蚀蘑菇时，除展示风蚀蘑菇的图片外，配上地貌的名称效果更好。

（3）图像、图形要清晰、准确、恰当。选取有代表性的，能反映教学需要的图像。此外，所选择的图片要清晰、准确，保证像素，调整好比例，防止在展示时发生变形。

（4）图像、图形的展示时机恰当。使用地理课件讲解某一地理事物时，应先展示图像，教师引导学生分析，由图像信息推断、总结出该地理事物的特征。例如，在学习“季风水田农业”时，先展示季风水田农业的分布图，总结出该农业主要分布在亚洲的季风气候区后，再展示该区域气候类型、地形、人口分布的图片，总结季风水田农业形成的区位条件。

在应用图像讲解某一地理现象或原理时，对于难以理解的知识，教师可以先讲解，再显示能够反映该地理现象的图像。例如，在学习“交通运输布局变化对聚落空间形态影响”时，学生阅读教材，教师讲解，得出“聚落空间形态往往沿交通干线布局”的结论，然后显示株洲城市略图，加深学生的理解。

讲解地理过程时，可采取边讲解边播放的方式进行展示。例如，在讲解“大气的受热过程”时，边逐步显示大气的受热过程，边讲解，使学生能够直观地理解地理过程。

（5）图像、图形课件与传统板书的结合。教师通过地理图像总结地理规律，若文字内容较多，无法和图片在同一页中显示时，就要在图片和文字之间进行切换，不利于学生图文结合能力的养成。因此，可将重点内容通过板书的形式写在黑板上，与屏幕上的图像进行互补。

2. 视频动画类

动画和视频所包含的信息量较大，但使用时间过长，会对学生的认知能力造成很大的负担，因此要控制好播放的长度和频率。此外，在使用视频素材时，要进行剪辑，只播放对本节课有用的内容，保证学生注意力的集中。

视频、动画类课件的使用应注意：

（1）为导入新课，可选择有趣的或者贴近生活的视频来播放。例如，在讲解“自然界的水循环”时，可播放小水滴海陆间旅游的动画，导入新课。

（2）为了使学生更好地理解某一地理原理，可以在观看视频、动画前提出要求，让学生带着问题观看。此外，动画最好具有重复演示的功能。例如，在学习“太阳直射点的回归运动”时，可设置动画播放和暂停的按钮，重复播放演示动画：第一遍播放之前提出问题，让学生观察二分二至日太阳直射点的位置；第二遍播放检验学生观察的效果并加深记忆；第三遍播放时讲解太阳直射点的回归运动特点，总结规律。

3. 资料补充类

资料补充类课件的目的是弥补教材阅读和活动材料的不足，多以文字的形式呈现，在设计和使用时要注意：

（1）突出重点内容。对所选的文字材料要进行精简，调整好文字的大小和间距。

教学重点内容要突出显示，可以通过改变文字的大小、颜色，添加下划线、加粗、斜体等方式强调重点内容。

（2）文字资料的展示时机。补充的文字资料在相关知识点之后展示，显示资料的时候可采取逐行显示的方式。对教材中已有的阅读材料，可在学生阅读后，将需要思考的问题显示在大屏幕中，思考回答后，再显示问题的答案。

4. 问题探究类

问题探究类课件主要是呈现需要学生讨论探究的问题。在设计时，可适当增加课件的趣味性，以吸引学生的注意力，使其更有效地进行问题探究。另外，还要注意页面中问题的数量，一张课件中设计一个或者两个问题最佳。文字要清晰可见，背景图片不要过于复杂。

5. 知识总结类

（1）总结一节课所学的知识点，加深学生对本节课重点内容的认识。此类课件设计时切忌知识点的简单罗列，要把一节课的知识体系呈现给学生。课堂小结时逐个显示知识点，有利于学生回顾所学的知识。

（2）运用比较分析法进行教学时，可应用多媒体课件总结所讲授的知识点，运用表格的形式对比显示相同点和不同点。

（3）在学习新课前，运用多媒体课件显示学习内容的知识体系或学习目标，有利于学生把握好本节课的重点。

6. 知识检测类

知识检测类课件多在讲授完新课或一个知识点后显示以选择题和读图题为主的练习题，学习连贯性较好，学生注意力较集中，做题的效果好。但是，使用大屏幕显示练习题，学生不方便记录，对于某些较复杂的题目，学生需要在纸上进行解答，答题时间较长。因此，在大屏幕中显示的练习题，应该选择难度较小、较基础的习题。

在大屏幕中显示练习题时，要调整好字体的颜色、大小，文字内容清晰可见；一个页面中设置一道选择题，有图的大题，如果问题在一个页面显示不下，需要在下页显示其他问题时，可以再显示一次图片；利用软件中的自定义动画功能，显示答案，检验学生的学习情况。

【思考与讨论】比较图 6-21 中两张幻灯片的问题呈现方式，讨论并推测两者的教学效果。

【课后作业】

（1）板画技能训练：练习绘制各大洲的折线图；练习动态示意图的绘制过程。

（2）现代教学媒体技能训练：以“地球的自转”为题，设计制作地理课件。

（3）微格训练：各种教学媒体的综合运用。

（4）每天练习硬笔字一篇。

樱花小区位于昌平市的近郊地区，该小区有常住人口约 2000 人，小区里有 2 间理发店、3 间售卖日常用品的百货铺、1 个市场和 2 间餐馆。李阿姨一家人入住后，看到小区里的商铺经营状况良好，于是打算在小区内租一处店铺来开店做生意。一天晚上，李阿姨召集全家人商量店铺应该做哪种生意好。

儿子小明提议：“现在人们生活条件好了，不如我们开一家电器商场，卖电视机、冰箱、摄像机等高级电器，保证生意兴隆。”

女儿小清立刻说：“不好，爱美是人的天性，我看还是开一间卖西装、职业套装的高级时装店，一定能赚大钱。”

老伴陈老师提议说：“民以食为天，我看应该开一间早点铺，生意肯定会好。”

听了家人的意见后，李阿姨却拿不定主意了。

你能根据所学的知识，为李阿姨提出参考意见吗？

(a)

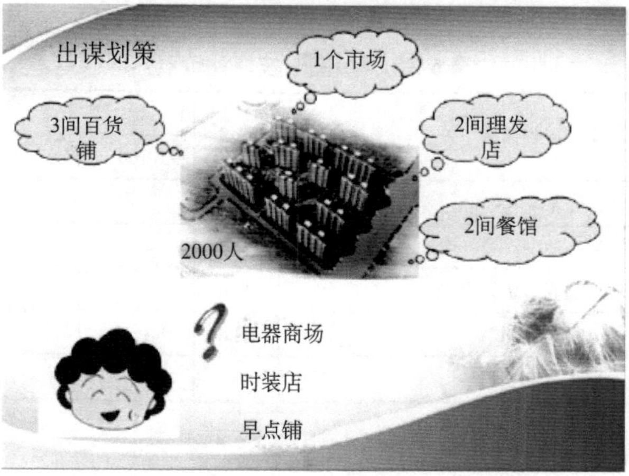

(b)

图 6-21　两种问题呈现方式

【展示与评价】

（1）举办“祖国在我心中，板图在我笔下”比赛，要求学生在 1 分钟内在黑板画出中国轮廓图。

（2）优秀地理教学课件展示，要求综合运用媒体教学技能。

（3）板书设计比赛，板书设计要求有图有文。

读图（表）技能、“三板”技能、多媒体课件制作技能评价表如表 6-1~表 6-5 所示。

表 6-1　读图（表）技能评价表

项目	评价内容	权重	赋分值			
			好（95 分）	良（85 分）	中（75 分）	差（55 分）
地图（表格）的选择	选择与教学内容相符合的地图；图（表）所反映的地理事物和地理现象突出：教学重点，内容力求单一明确；图（表）数量恰当	0.30				
地图（表格）的展示	图（表）出示适时，照顾全班学生	0.20				
读图（表格）基本步骤	读图（表）名称、读图例、读内容三要素全面	0.20				
教师引导读图	指图要正确规范；快慢适中；讲指一致；教师与学生之间有互动；辅以学生的地图册、填充图、教材中的地图、略图、教师的手绘板图或板画	0.30				
得分						

表 6-2　“板图”技能评价表

项目	评价内容	权重	优	良	中	差
			90~100 分	80~89 分	60~79 分	<60 分
1	轮廓准确、清晰、完整	0.40				
2	图例科学、图幅大小适度、设计合理	0.20				
3	重要地理事物仿形逼真、位置准确	0.20				
4	作图迅速	0.20				
得分						

表 6-3　“板画”技能评价表

项目	评价内容	权重	优	良	中	差
			90~100 分	80~89 分	60~79 分	<60 分
1	科学性：准确、规范	0.30				
2	地理性：具有地理特色有一定的地理内涵	0.20				
3	典型性：抓住地理事象的典型特征	0.10				
4	艺术性：画图形象、美观，线条流畅简洁	0.10				
5	图幅大小适中	0.10				
6	能边讲边绘	0.20				
得分						

表 6-4　“板书”技能评价表

项目	评价内容		权重	优	良	中	差
				90~100 分	80~89 分	60~79 分	<60 分
1	内容	内容设计科学合理，条理清晰	0.30				
		板书内容不拘泥于教材，有创新	0.10				
		重难点突出，主干知识结构优化	0.20				
2	形式	字迹工整，规范合理，字体美观	0.10				
		板书布局紧凑、形式新颖	0.20				
		颜色搭配和谐	0.10				
得分							

表 6-5　多媒体课件制作技能评价表

评价项目	评价标准	分值
教学设计	教学目标、对象明确，教学策略得当；界面设计合理，风格统一，有必要的交互；有清晰的文字介绍和帮助文档	3
内容呈现	内容丰富、科学，表述准确，术语规范；选材适当，表现方式合理；语言简洁、生动，文字规范；素材选用恰当，结构合理	3
技术运用	运行流畅，操作方式简便、快捷，媒体播放可控；导航方便合理，路径可选；新技术运用有效	2
创新与实用	立意新颖，具有想象力和个性表现力；能够运用于实际教学中，有推广价值	2

【唤起关注】

地图作为地理学科的第二语言，它能以无声的语言帮助学生理解各知识点间的相互联系，有助于将地理知识、现象、内在逻辑关系紧密地联系起来；使学生直观地了解广大地域、空间分布的各种现象，促使学生在脑海中形成地理空间概念。在现代信息技术迅猛发展的今天，一定不要忽视传统媒体——地图的作用。因此，地理教学必须以地图为依托，加强对学生读图能力的训练。

【收获与感悟】

通过本章的学习与训练，我的收获与感悟：

第七章　地理课堂提问技能

提问是一种常用的课堂教学方法，是教学过程中教师与学生之间最常用的互动形式。课堂提问是教师必备技能之一，被称为“有效教学的核心”。对提问的研究可以追溯到2000多年前孔子的“启发式”提问和苏格拉底“产婆式”提问，他们用提问成功地引导学生学习，至今被人称道。学起于思，思源于疑。小疑则小进，大疑则大进。有效的提问是成功点拨学生思维、培养学生优良思维品质的极为重要的方法和手段。尽管人们从古至今都意识到提问在教学中的重要性，并反复地实践着，但真正运用好这一技能并不容易。提问既是一种技能，一项复杂的教学技术，又是一门精巧高妙的艺术。因此，有必要梳理提问的涵义、功能、作用、类型，掌握提问技能的运用策略，从而提升教学效果。

【训练目标】

（1）通过阅读资料，理解提问的功能与作用。

（2）通过阅读资料与案例，知道提问的类型。

（3）通过阅读资料与讨论，分析提问技能，掌握其基本要求。

（4）通过讨论，梳理提问存在的问题。

（5）通过课堂讨论和案例分析，掌握提问运用策略。

第一节　地理课堂提问技能概述

爱因斯坦说过：“提出一个问题比解决一个问题更有意义。” 由此看出提问的重要性。提问能力被视为教师有效教学的基本能力。乌申斯基说过：“善于提出问题并能逐渐增加问题的复杂性和难度，是教师应具备的最主要和极其必要的教学技巧之一。”提问技能是综合性较强、较复杂的技能。当今课堂，往往教师提问的低效制约着课堂教学的有效性。因此，师范生有必要学习提问技能，正确认识地理课堂提问的重要作用，清楚问题的类型，熟练运用课堂提问策略，增强课堂提问的有效性。

案例 7-1：湘教版高中《地理Ⅰ》“地壳的物质组成”的问题设计。

环节一：自主学习，完成下列问题。

（1）地壳由什么组成？岩石的概念是什么？什么组成了岩石？什么是矿物？矿物由什么组成？

（2）绘制化学元素、矿物、岩石、地壳之间的关系示意图。

化学元素→矿物→岩石→地壳

环节二：小组讨论，合作学习。

问题：列表比较分析岩浆岩、沉积岩和变质岩的主要特征有何不同。

环节三：学以致用，拓展延伸。

问题：秦皇岛柳江盆地三大岩类分布广泛，均为自然露头，地层完整，界限清楚，岩类齐全，化石丰富，沉积构造发育，被公认为“天然地质博物馆”。试着推测一下秦皇岛柳江盆地古地理环境的演变过程。

【思考与讨论】本课例提了哪些问题？这些问题分别发挥了什么作用？

一、课堂提问技能的含义

课堂提问技能是教师在课堂教学中，为了实现教学目的，根据教学目标、教学内容、学生特点、教学阶段等设计要提出的问题，通过师生间相互作用检查学习、促进思维、巩固知识、运用知识、促进学生学习，实现教学目标的一种教学行为方式。

二、课堂提问的功能

国内外许多研究者对提问的功能与作用提出了各自的见解，归纳起来主要表现在两个方面。

（一）对教师来说提问的功能

提问可以引导教学，突出教学的重点。一节课的问题是学习的重点和难点，问题设计构成教学的主线，师生在解决问题中完成教学任务。所以，提问往往可以引导教学，解决问题的过程是将教学不断推向深入的过程。

检查教学。提问可以检查学生已经掌握和未掌握的知识，检查已形成技能的程度，检查学生的能力、态度和倾向，揭示学生的心理过程。

诊断教学。诊断妨碍学生学习的特殊困难，诊断学生知识链条上的漏洞和产生错误的原因。

补救教学。教师在提问过程中，了解学生的反馈，反省教学中的不足或错误，改进教学的内容、方式、进度等。

管理教学。管理学生学习及教室秩序，随时调控教学过程，提出问题可以激活课堂，营造良好的课堂气氛，形成合适的学习环境。

评价教学。提问可以及时了解教学效果，为后续的教学提供指导。

（二）对学生来说提问的功能

提问可以唤起学生的学习兴趣，吸引学生注意力，引起学习动机。在提问时，教师围绕学习的主题首先提供给学生生动的地理事实材料，然后提出这是什么、在哪里、是怎样的、为什么等问题，把学习目标转化为生动具体的问题，使学生产生解决问题的欲望，可以改变教师平铺直叙地讲授的局面，使学生的注意力高度集中，有效活跃学生思维，引发学生进一步探索的动机。

回忆已有的知识，评价、纠正和加强当前的学习观点。学生要回答教师的问题，往往需要回忆所学的有关知识。在学生回答问题后，自己和其他学生还需对答案做出评价，错误或不准确的需要纠正。例如，教师问："以前学习了纬线，纬线指示什么方向？"学生会回忆已学的纬线知识，学生回答问题后，教师和学生需要一起对答案进行评价，判断正误，并进行纠正。

关注教学进程的变化，促进理解知识和记忆。学生通过思考与回答问题，根据教师与同学对问题答案的反馈与评价，获得完整、准确的答案。提问通过练习和反馈两个过程，巩固学生已有的知识和技能，促进记忆与理解，使学生一直关注教学进程的变化。

积极主动地加入课堂互动之中，营造良好的学习环境。教学活动是教师和学生共同参与的双边活动，师生在教学中存在着大量的知识信息和情感意向的交流。实现师生互动、双向交流的方法很多，其中最常使用的是课堂提问。一个好的教学提问犹如一条纽带，会将学生的认识和感情紧密联系起来，架起师生双向交流的桥梁，发挥学生的主动性，活跃课堂气氛。

锻炼语言表达，训练学生自信心、勇气等心理素质。提问为学生创造语言表达的条件，增加语言表达的机会。教师提出问题时，学生要在较短时间内恰当地组织语言，清晰地、有条理、有根据地表达自己的思想，对提高表达能力作用明显。参与回答问题，也是对学生自信心、勇气等心理素质的训练。

促进思考，培养学生的创新精神。亚里士多德说："思维自疑问和惊奇开始。"问题，是激发思维的火花，思维永远由问题开始。所以，提问能促进思考，促进思维能力培养。教师通过提问为学生设置情境，尤其是设置开放性问题，引导学生思考解决的路径，发现条件与问题的关系，赢得问题的解决，培养了学生发散思维，还能培养学生创新精神。

【思考与讨论】课堂上教师不断向学生提出问题，对于促进教学具有怎样的作用？

课堂提问的作用：

（1）____；

（2）____；

（3）____；

（4）____；

（5）____。

第二节　地理课堂提问的基本类型

教师提问水平的高低，直接影响着教学的质量和效率。不同类型的问题往往在教学中发挥不同的作用，培养学生不同的能力，取得不同的教学效果。教师要熟练掌握提问的各种类型，针对不同的情况采用不同类型的提问，是教师提问水平高低的重要体现。

一、根据问题认知层次分类

这是最多见的问题分类法，根据美国著名教育家和心理学家布鲁姆的认知领域六层次分类法，即识记、理解、应用、分析、综合、评价，课堂提问可分为识记性提问、理解性提问、应用性提问、分析性提问、综合性提问和评价性提问六种类型。

（一）识记水平的提问

这一水平的提问可以用来确定学生是否已记住先前所学的内容，如地理事实和地理概念、地理原理、地理规律等。它能训练学生的记忆力和表达力。它所涉及的心理过程主要是回忆，其内容不超过先前所掌握的知识范围。教师常使用的关键词说出、写出、描述、在哪里、是什么、什么时候等，这是最低层次的提问。例如，什么是城市化？日本的首都是什么？河水最主要的来源是大气降水，对吗？这类提问简单易于操作，对检查学生已学知识起到较好作用。但这类提问所占的份量应处理得当，不宜过多。因为在课堂提问中，大部分是知识水平的提问，会导致知识简单机械的重复，不能激发学生的思考，从而也就束缚了学生的发展。

（二）理解水平的提问

这一水平的提问需要学生通过对所学内容进行一定的转换、解释、推测，方可获得答案，要求学生对所学内容进行一定的加工。这类水平问题要求学生根据自己的认识，用自己的话对地理事实、地理原理、地理分布等进行解释。这类提问中教师常用的关键词是叙述、概述、比较、对照、解释、归纳等。例如，请叙述水循环的过程；南极地区气候与北极地区气候有什么不同；归纳地中海气候的特征；我国大陆地势西高东低，面向海洋，这种分布对我国气候和河流流向可能产生什么样的影响？一般来说，理解性提问用来检查近期课堂上新学知识与技能的理解和掌握情况，多用于某个地理概念或地理原理讲解之后，或地理课程的结束。

（三）应用水平的提问

应用性问题将识记和理解扩展到真实性这一阶段，它们超越了记忆和对知识的转述阶段。这类问题要求学生将以前学过的知识用于与真实世界近似的状况下，即通过识记性问题和理解性问题回忆所学知识并加以理解，以及将所学的知识和规则运用于新的环境下。这类地理提问是通过建立简单的问题情境，让学生运用新获得的地理知识和过去所学的地理知识解决问题。它将学生所学的地理知识与社会生产、生活实际联系起来，培养学生运用知识解决问题的能力，其具体表现为考查学生能否应用地理概念、地理方法、地理规律、地理原理等。这类提问中，常用的关键词是应用、运用、使用、操作、解决、展示、分类、选择和举例等，如运用纬度和经度的知识，在地图上找出北京的经纬度数。这是较高层次的认知提问，它不仅要求学生将已知信息进行归类分析，还要进行加工整理，达到透彻理解和系统掌握的目的，其心理过程主要是迁移。

（四）分析水平的提问

分析提问是将复杂的地理事物分解为若干部分，并找出这些部分的本质属性和彼此之间的关系的提问。这就要求学生能组织自己的思想，寻找根据，进行解释或鉴别，属于较高级的思维活动。分析提问的目的有：识别逻辑错误，区分事实、观点和假设，得出结论，找到推论和归纳——简而言之，就是发现信息背后的道理。分析提问旨在培养学生学会运用分析的方法，梳理地理事物构成的要素、相互联系，更重要的是使学生从教师分析地理事物的思路中学会分析问题的思路和方法。大多数分析性提问缺乏单一的最佳答案，因此，在分析的层次上，会得到范围广泛的回答。在这类提问中，教师常用的关键词是有哪些、为什么、什么因素、怎样、证明、分析等。例如，“读图，分析一个地区要发展钢铁工业需要哪些条件？”“你认为上海进一步发展钢铁工业主要需要解决哪些问题？为什么？”

（五）综合水平的提问

这一水平的提问考察的是学生能否把先前所学习的材料或所得的经验组合成新的整体，可以训练学生的综合能力、预见能力，尤其是创造性地解决问题的能力。具体表现为提问学生能否制订出一项可操作计划；设计一个解决的方案；能否概括出一些抽象关系；预测一个问题的结果；能否以口头或书面形式表明自己的新见解等。在综合提问中，教师经常使用的关键词有总结、计划、归纳、创作、设计、组织、预测等。例如，学习完“南极地区”后，教师提问“从高、低、多、少四个方面归纳南极地区的自然环境特点”。再如，“读世界1月等温线分布图，总结我国冬季气温分布规律”。比起分析性问题，综合性问题的回答可能具有更大的多样性。教师在课堂提问时要想训练学生的创造力，就必须深入研究教材体系，并提出具有综合水平的问题，研究如何才能充分开发学生的思维空间和想象天地，并进行有创意的思考和组合。

（六）评价水平的提问

这一水平的提问要求学生首先要建立起完善的相关知识结构，正确的态度、情感和价值观，以及判断评价的原则和依据等，即根据一定的准则和标准对事物进行价值判断并做出决定，它往往没有确定的标准答案。它比创造性问题更难以回答，是提问的最高层次。它要求学生对一些观念、价值观、问题的解决办法或伦理行为进行判断和选择，并提出自己的见解。在这类提问中，教师常用的关键词有评价、证明、你认为、你对……有什么看法、假如你是……你怎么认为等。例如，“评价北京地理位置的优越性”“读图，某城市在东南地区发展钢铁工业，你认为是否合理，并说明理由”。这类问题的要求标准不宜只停留于简单的判断，必须要求学生养成通过具体分析再作判断和评价的习惯。评价水平的提问可以提高学生价值判断的能力，形成一定的思想、信念、世界观。

按认知水平的不同，可把问题分成高水平问题和低水平问题。低水平的问题属于只是要求学生机械比照课本和图册或回忆就能回答的有关事实、名称、事件等信息的问题。一般记忆性、理解性提问归为低层次提问，高水平问题要求学生对信息有一定的加工能力。一般将应用性、分析性、综合性、评价性提问归为高层次提问。使用低层次还是高层次问题，应由要求学生达到何种程度的思维水平来决定。

按答案的开放程度可以分为封闭性问题和开放性问题。将回答限定在一个或很少几个答案之内的问题，是封闭性问题。没有唯一正确的答案，具有多个恰当答案的问题是开放性问题。识记、理解和应用水平的问题多属于封闭性问题，而分析、综合和评价水平的问题多集中于开放性问题。例如，“东南亚是什么气候”属于封闭性问题，“如何节约水资源”“你喜欢哪个国家？为什么”等属于开放性问题。封闭性问题往往培养学生的聚合思维，而开放性问题培养学生的发散思维。

二、根据问题的内部结构分类

在一节课中，为完成某个教学目标，教师需要提出一系列问题，分析这一系列问题结构，有利于更有效使用提问。

（一）总分式提问

总分式提问是指首先将某一教学内容设计为一个大问题，再将大问题分解为若干小问题，以帮助学生理解的提问。总分式提问问题设计法的特点是“由大牵小，从小到大”，有助于学生体会教材内容组成部分之间的有机联系和各部分的作用，从而锻炼学生分析综合的思维能力。例如，学习 “俄罗斯自然环境特征”时，教师先总的提出问题“俄罗斯的自然环境有什么特点？ ”在这一总问题下再分别提出：①俄罗斯的地理位置特点是什么？②俄罗斯的地形特征是什么？③俄罗斯气候在气温、降水和类型上都有哪些特点？④俄罗斯自然环境地域差异特点是什么？通过这四个问题的学习，学生就能回答出总的问题。这样教学能收到条理清晰、纲举目张的效果。

（二）递进式提问

递进式提问是指将教材内容由浅入深地设计成系列问题，前一个问题是后一个问题的基础，后一个问题是前一个问题的深化，如此层层剖析、步步递进的提问。例如，学习地形雨时，教师设计一系列问题：暖湿气流前进时遇到高山会怎么样？气流沿山坡爬升时，会有什么变化？气温下降、水汽凝结就会在迎风坡上出现什么现象？这种雨叫什么雨？

（三）追问式提问

追问式提问是指教师根据地理教学内容的内在联系，设计一系列环环相扣的问题，或教师提出问题后，根据学生的回答，紧追一个问题，首尾相连，一追到底。例如，（教师）黄河下游的泛滥问题如何解决？（学生）加强保护黄土高原的水土。（教师）为什么治理黄河下游要保护黄河中游地区的水土呢？（学生）黄河下游泛滥的主要原因是下游是一条“地上河”，水量大时容易决堤泛滥，而“地上河”主要是黄河中游淤积河道造成的。

三、根据心理学分类

“什么是工业”属于知识性问题，“读分层设色地形图的一般步骤是什么”属于过程性问题，“如果你是水利专家你把水电站建在哪里”属于策略性问题。

教师应该依据不同的教学目标有针对性地提出不同类型的问题，并注意将所提问题的类型、水平与教学目标和学生的认知发展水平匹配。大部分教师都依赖低层次、聚合式的问题，当教学目标和学习目的较简单时，用低层次的问题是可以的；而当教学目标是要发展学生的批判性思维能力和问题解决能力时，就要求教师必须有意识地在课堂教学中提出高层次的和发散式的问题。

案例 7-2：人教版《地理（八年级下册）》“东西干湿的差异”课堂实录片段[①]。

1. 师：看我国年降水量分布图，拿到一幅图，我们首先能够读懂什么？（提问目的是回忆具体知识，检查已有知识。属于程序性问题、低水平问题、封闭式问题）
2. 生们：图例。
3. 师：大点声告诉我，好，图例，来看图例。（停顿）谁来说说这幅图图例的含义？（提问目的是引起注意。属于知识性问题、低水平问题、封闭式问题）
4. 生 1：不同颜色表示不同年降水量。
5. 师：不同颜色表示不同年降水量。好，请坐。谁来具体说说哪种颜色对应具体的区间？（提问目的是引起注意。属于知识性问题、低水平问题、封闭式问题）
6. 生 2：最蓝色表示 1600 毫米。
7. 师：是 1600 毫米，还是 1600 毫米以上？
8. 生 2：以上。
9. 师：好。再说点。

① 2012 石家庄市初中地理青年教师评优课一等奖石家庄市外国语中学胡迪“东西干湿的差异”一课实录节选。

10. 生2：最下面，也就是最红的表示50毫米以下。

11. 师：很好。再说一个蓝绿色的？

12. 生2：蓝绿色在800毫米到400毫米之间。

13. 师：对不对？

14. 生们：对。

15. 师：好，请坐。这位同学准确辨识了颜色与等降水量线区间的关系。下面对照图例来读图。我国南方与北方相比，降水量哪多一些？（提问目的是鼓励高层次思维活动，知识性问题、高水平问题、封闭式问题）

16. 生们：南方。

17. 师：哎，南方。东部与西部相比，降水量哪多一些？

18. 生们：东部。

19. 师：由此，看出我国降水有南北方向的差异，也有东西方向的差异。好，继续读图，在图上还有标识数值的线，这是什么线？（提问目的是检查已有知识，知识性问题、低水平问题、封闭式问题）

20. 生们：等温线。

21. 师：等温线？再想想，什么线？大点声，有同学说对了。

22. 生们：等降水量线。

23. 师：对啦，这叫等降水量线。下面我们找几条重要的等降水量线，同学们一边用红颜色的笔在图上描粗。

24. 师：1600毫米。

25. 生们找与描。

26. 师：800毫米。

27. 生们找与描。

28. 师：400毫米。

29. 生们找与描。

30. 师：200毫米。

31. 生们找与描。

32. 师：同学们描得非常认真，很好。（停顿）

33. 师：我们阅读这几条等降水量线，体会我国年降水量的空间分布规律。下面请同学拿出项目纸，1分钟时间完成项目纸项目一的四个小问题。

34. 生写项目纸，师板书，巡视。

35. 师：以小组为单位讨论，确定主发言人一会儿发言，开始吧。

36. 生讨论。

37. 生1：第一小问，（上前指图）这是我国年降水量超过1600毫米的地区，大多集中在我国东南沿海。

38. 师：对不对呀？本组同学评价一下。

39. 组 1 生们：对。

40. 师：非常准确。下一个问题。

41. 生 1：（指图）800 毫米等降水量线经过秦岭、淮河、青藏高原东南边缘。0℃等温线也穿过这里。（看项目纸重复一遍）

42. 师：对不对?

43. 生们：对。

44. 师：读图准确，思路清晰。400 毫米呢？换个同学，积极点。

45. 生 1：（指图）大兴安岭、张家口市、兰州、拉萨。

46. 师：这不是说得挺好吗！大家说对不对?

47. 生们：对。

48. 师：继续。

49. 生 1：200 毫米主要在西北内陆。

50. 师：对不对?

51. 生们：对。

52. 师：不仅描出了方位，还知道西北地处内陆地区。非常好。下面我们来观察数值的递变，总结我国年降水量的空间分布规律。（提问目的是鼓励高层次思维活动，知识性问题、高水平问题、封闭式问题）

53. 生 1：在东南沿海最多，西北内陆最少。根据箭头指示，也是东南多，西北少。

54. 师：用完整一句话说出我国年降水量的空间分布规律。

55. 生 1：降水的总趋势是东南多，西北少。

56. 师：由东南沿海向……孩子你接着说，向西北内？（拉长音）

57. 生 1：向西北内陆减少。

58. 师：嗯，非常好，由东南沿海向西北内陆递减。说得特别好。

参与评价

试分析本课例提出了哪些问题？这些问题分别属于哪些类型？发挥了什么作用？本课例中存在的主要问题是什么？教师理答效果怎样？

第三节　提问技能的基本要求与运用

教学提问技能是一项很复杂的技能。具体而言，它可以分解出许多具体技能。按照课堂教学提问的步骤把教学提问分解为五个方面的技能：设问技能—发问技能—待答技能—叫答技能—理答技能。

一、设问技能的基本要求

设问技能是指教师根据一定的教学需要设计教学问题的能力。设计问题往往在备课时进行，也可能在教学过程中随时进行。为有效设计问题，教师应遵循以下基本要求。

（一）设计问题要考虑引入方式

为使学生更有效思考问题，教师提出问题往往基于一定的情境之下，比较少见直接提出问题，也就是说，教师设计问题时往往要考虑引入的方式，不同的引入方式会对不同类型的学生回答产生不同的影响，一定程度上决定问题回答的质量。一般来说，问题的引入方式有以下几类：①原因或背景。提问者在提问之前或之后通过介绍原因或背景信息引入问题。②个人观点。提问者在提问之前或之后阐述个人对问题的观点和看法以引入问题。③文献资料。提问者通过文献资料引入对问题的论述。④无铺垫信息。提问者直接提出问题、没有提供任何相关的信息或观点。

（二）设计问题要有目的性

设计问题不能随意，提出问题要有目的，即希望通过这个问题，让学生学到什么，教师能获得什么信息等。教师的提问，往往一定程度影响课堂教学的质量。使用提问大致为了如下目的：①课堂管理，这是一种惩罚性提问或提示性提问，如“你说话得到我的允许了吗”。②引起和吸引学生注意力，如课件展示日本樱花景观图，图下注明日本樱花，教师问“这是什么？它美不美？”③回忆具体知识，检查已有知识，如“学习了天气和气候，请大家比较天气与气候有什么不同”。④用于思维过程和方法的提问，即当完成某一教学内容时，让学生回忆或总结解决问题的基本步骤和解决问题的基本方法，如“刚才我们归纳了亚洲的气候特征，谁来说说一个大洲的气候特征一般从哪些方面分析”。⑤鼓励高层次思维活动（归纳、演绎、比较、综合、分析等），如“读图文资料说明日本工业发展的有利条件是什么”等。

（三）设计问题要有合理性

（1）问题难易度要合理。一节课往往要根据教学的难易度和学生的实际认知水平设计问题，不能过难或过易。不同类型的问题往往影响难易度，低水平问题往往较易，高水平问题较难。一节课，最好有不同类型的问题，低水平问题和高水平问题相结合，开放性问题与封闭性问题相结合，以使不同层次、不同类型的学生都能受益。

（2）问题的数量要合理。一节课，问题数量要合理，不能过多成为满堂问，也不能太少，成为一言堂。在当今的课堂中，往往存在问题过多的情况，致使思考问题时间不足，低水平问题过多。因此，教师需要合理设置每节课的问题数量。

（3）教学重点和难点处问题设置要合理。一节课中，可以根据不同目的而提出问题，主要的问题尽量设置在教学重点与难点处。合理设置教学重点和难点的问题，是教学质量提升的关键。

（四）设计问题要有层次性

提问要有一定的梯度，设计问题要遵循循序渐进的规律，即由易到难、由简到繁、层层递进，把学生思维一步步引向新的台阶。例如，学习我国农业分布特征时，其中一个重点是读图分析我国小麦与水稻分布特点，学生一开始就分析此问题难度大，设计一组问题回答效果要好，这组问题是：读我国东部地区粮食作物分布图，①找出小麦和水稻主要分布地区；②归纳小麦和水稻的分布特点；③分析造成我国小麦和水稻分布特点的主要原因。学生能较好完成这组问题，得益于这组问题具有层次性，由易到难。

（五）设计提问要有启发性

具有启发性的提问能激起学生强烈的学习动机，引发学生探究知识本质的愿望，提高学生的主动性，促进学生思维能力的发展。启发的着眼点在于学生处于“愤”“悱”之时，就是说，当学生的思维处于想弄懂而未得、想说出而不能之时，恰好是教师提问学生的最佳时机。启发式地理教学方法比较适用于理性知识的教学，如逻辑性较强的内容可以通过递进式的设问进行启发。启发式提问又可分为正问启发、反问启发和假设启发。正问启发是教师依据教学的重点和难点，提出诸如“在哪里？为什么？”等富有启发性的问题，引起学生思考。反问启发是当学生学习地理时遇到疑问不能解决时，教师从相反角度提出问题，促使学生深入思考。假设启发是教师引导学生提出某地理现象或原理可能出现的情况，激发学生分析思考。

【技能训练】为“地球的大小”设计问题。

（1）课标要求：用平均半径、赤道周长和表面积描述地球的大小。

（2）教材内容：人教版七年级《地理（上册）》第一章第一节“地球的大小”。

（3）要求：根据课标要求和教材内容设计有效的问题。设计提问，并分析问题，填写在下表中，并展示出来与他人交流设计问题的有效性。

设计的问题	提问目的	提问类型	提问对象	问题的难易度

【技能训练】设计问题技能——提出什么样的问题更合适？

（1）课标要求：用平均半径、赤道周长和表面积描述地球的大小。

（2）教材内容：图 7-1 是一组关于地球大小的数据。现在利用人造卫星不仅确证了地球的形状，还精确地测量出了地球的大小。

（3）要求：根据课标要求和教材内容设计有效的问题。设计提问，并分析问题，填写在下表中，并展示出来与他人交流设计问题的有效性。

设计的问题	提问目的	提问类型	提问对象	问题的难易度

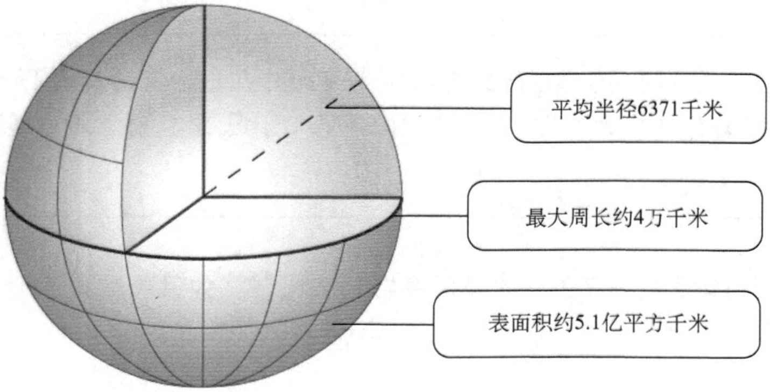

图 7-1　地球的大小

二、发问技能的基本要求

发问技能是教师将设计好的问题或临时涉及的问题向学生提出来的能力。其基本要求有以下几点。

（一）抓住提问时机

课堂教学提问作为引发学生学习的外部因素，要想最大限度地发挥作用，必须抓住提问的最佳时机，注意时效性。常见的提问时机有：在课堂引言中提出问题；在学生自读前发问；学生自读后发问；学生思维停滞时发问；学生无疑时发问；学生出现私下讨论时发问；课堂气氛沉闷时发问；个别学生注意力分散时发问；结课时发问等。

（二）注意提问的方式

一是要面向全体学生，先提出问题，后指名学生回答。若先点名学生回答，再提问，会使提问的学生过于紧张，不点名的学生不参与教学，致使课堂效率低下。二是对提问进行确认。教师在向学生提出问题后要确认学生完全听懂了问题。若学生对教师提问的用词或表达方式迷惑不解时，教师必须变换方式将问题重新叙述一遍。如果学生有其他想法，应及时进行补充或修正，以免因为对问题的误解而产生错误解答。三是提问方式要灵活多样。课堂提问方式可以是口头提问，也可是书面提问，可以由全班集体讨论后回答，也可以分组或者一人单独完成。灵活多变的提问方式可以激发学生的学习兴趣，不断改变学生的思维方式，不致使学生感到提问的枯燥乏味。

（三）准确简洁的提问表达

问题表达要简洁、清晰、准确。课堂教学提问用语应有明确的指向性，以便于学生迅速地理解和把握问题。语法结构复杂或包含抽象、笼统、概括化语言的问题，学生一般认为是不清晰的问题，理解起来往往困难。教师一次提出一连串问题，学生从中找不出核心问题，也会使问题变得模糊。

> 案例 7-3：教师提问："为什么有的等高线向外凸出，有的向内凸出？""北回归线位于我国的什么地方？""今天是 10 月 6 日，太阳直射点与赤道之间有什么关系？"

【思考与讨论】案例 7-3 中的提问存在什么问题？如何表述更清晰？请将分析、修改的情况填入下表。

原提问	存在的问题	修改后的提问
为什么有的等高线向外凸出，有的向内凸出？		
北回归线位于我国的什么地方？		
今天是 10 月 6 日，太阳直射点与赤道之间有什么关系？		

三、待答技能的基本要求

待答技能是教师在提出问题后、学生回答问题或提出问题过程中进行的等待、观察、听取等的技能。待答技能往往容易忽视，有研究表明待答时间的长短直接影响问答的质量。其基本要求是：

（1）学会等待。在实际的课堂中，教师往往因为教学进度，而忽视这一技能，通常教师要求学生在 1~2 秒钟内迅速做出反应。据统计，提问间隔超过 10 秒，教师就会因为时间很长而显出不耐烦或焦急的神色，这需要引起重视。延长待答时间看似简单，实际操作却很困难，尤其是新教师。当他们无法肯定是否有人来回答问题时，5 秒钟的暂停就像是永恒。等待表现在两方面：第一，是教师提出问题后的等待。教师提出问题后，要等待足够的时间，不要马上重复问题或指定学生回答。第二，是指学生回答过程中的等待。学生回答问题，是组织思路和语言的过程，需要逐渐明晰，教师不能因为学生答不到关键点就给出答案，这样会挫伤学生学习的积极性，且达不到提问的目的。教师提出问题后把思考时间延长 3~5 秒，学生的课堂参与相应增加。那些 3~10 秒的暂停会产生令人满意的和重要的结果:学生回答的内容更富逻辑、更深刻；学生的认知水平更高，如他们展现出更多的分析、综合和评价；学生自愿用更多的信息来支持他们的答案；学生对他们的回答信心更高。

（2）学会观察。教师提出问题后，要善于察言观色，从学生神态举止中对学生的思维状态和学习情况做出分析判断，并根据学生反应，对自己的教学计划做出相应的调整。

四、叫答技能的基本要求

叫答就是教师示意学生回答，其中叫答方式和叫答的范围直接影响学生的回答。一般课堂，教师习惯叫举手的学生回答问题，这样的结果往往是好学生回答机会多，而学习困难的学生经常轮不到回答。因此，教师应适当控制对自愿回答者的叫答，保证其他人回答问题的机会。教师可以采用一定形式（座位、学号顺序、随机点名等）请学生回答的叫答方式。一般来说，叫答范围越广，教学效果也越好。教师还可以采用齐答、小组答与个人答题结合的方式叫答。

【技能训练】待答技能与叫答技能训练。

（1）要求：6人一组，轮流扮演不同角色，一人当教师，四人当学生，另一人当计时员，教师提出问题，学生回答，计时员记录待答时间和叫答使用方法。

（2）内容："地壳的物质组成"。

（3）记录：将待答的情况填写在待答和叫答情况记录单中。

问题	第一待答时间	第二待答时间	叫答方法

（4）自我分析：

存在问题：________________________________

建议：________________________________

五、理答技能的基本要求

理答技能是指当学生回答问题时，教师给学生以适当指导、点拨与评价的技能。具体要求是：

（1）表示肯定。当学生回答正确时，教师要给予肯定。表示肯定的形式有多种，如口头表扬、肢体肯定等。表扬不可太频繁，尤其对高年级学生更是如此，否则会失去价值，起到负面作用。这方面更好的方式是：认可学生的观点，或对它进一步修改、比较或概括等，这会使学生更愿意参与提问。

（2）澄清。学生回答不出，教师不必急于把答案和盘托出，可以适当揭示思考范围、对象或提供已有知识，启发联想，让他们能够利用已掌握的知识来解答新知识中的相关问题。当学生不能顺利回答时，可能因为没有听清楚或者没有理解教师的提问。教师可以了解学生是否明白问题的意思；也可以重复所提问题；还可以重述问题，教师可以用不同语句重新表述问题，帮助学生理解所提问题。

（3）追问。是对同一学生就同一问题继续发问，在学生的回答不正确、不完整的情况下运用得比较多。包括：①给出提示。教师可以通过学生的答案发现学生的疑点、错误点或理解的障碍点，而有针对性地给出一定提示线索，以助学生走出思维误区。教师可以缩小思考范围，增加限定词；可以指明思考方向；尝试化难为易，化繁为简；也可以提供部分答案，教师“举一”，让学生“反三”；提供与答案有关的旧知识或其他线索等。②变换角度。当学生从某一角度看问题困难时，教师可以变换角度进行变式提问，把原来的问题化解为几个小问题逐一发问，或问一个与原问题相关的新问题。

（4）转问。转问是当学生回答不出问题时，在追问无效的情况下，教师不直接回答，而是请其他学生作答。转问可以增加生生互动，增强学生之间的交流，活跃课堂气氛。与其他的理答方式相比，追问和转问更有利于学生专注学习活动、改善思考方式，值得提倡。

教师理答方式，往往根据学生的回答而采用，简单来说，对零散的意见予以综合；对肤浅的认识予以深化；对片面的观点予以补充；对错误的说法予以纠正。

贯穿于教学活动的提问是教师有效教学的基本能力，但并非所有教学中的提问都是有效的，尤其对于师范生，其往往在问题设计、待答与叫答、理答等方面较为薄弱。因此，请做以下训练，从训练中提升提问技能水平。

【知识链接】常见的教师理答策略。

学生回答情况	教师理答方式
1. 学生充满自信的回答正确时	接受他的回答并共享，然后继续教学，不要过度表扬；延伸，即依靠学生的正确答案，引导学生思考程度更深的问题；扩展，即把新的材料和见解加入学生的答案中去，扩大学生成果，或者对学生提供的正确答案作进一步的发挥，使其具有概括性、普遍性
2. 当一个学生回答正确但犹豫自己回答是否正确时	向学生提供反馈，并且在继续教学之前，保证学生明白为什么正确
3. 当一个学生充满自信但回答错误时	肯定其参与课堂而不是他的回答是正确的；追问，可提出另外的问题来帮助学生获取正确的答案。要避免直接给学生正确答案或叫另一个学生回答
4. 学生没有任何表示时	鼓励，澄清
5.当学生没有听清楚或者没有理解教师的提问时	核查问题；重复问题；变换问题
6.当学生回答不出或答错时	重复表述；调焦（缩小问题范围或更明确问题）；提示，使其找到错误的原因；转问；教师提供正确答案

续表

学生回答情况	教师理答方式
7.学生说“不会答”或故意发难时	分析其障碍及时给予疏导，给他们鼓励
8.当学生回答不够全面、不清楚、不详细、不规范时（啰唆、卡壳）	肯定；澄清、补充、说明；提示；追问，探究，即教师要学生提供更多信息，进一步说明、澄清观点，从而使回答更深入、详细、清晰；转问
9.学生完全答非所问	澄清；追问
10.学生自发提问时	教师回答；转问；反问；追问，提示

【课后训练】

要求：微格录像安排，问题设计与讲授，每人 8~10 分钟。小组讨论确定同一个课题，个人设计问题，进行微格录课；组内成员使用观课工具与评价表评价本组他人微格课提问的有效度；组长组织本组成员讨论，并总结收获与反思（表 7-1）。

表 7-1　地理教学提问技能评价表

评价内容	权重	优	良	中	差
		90~100 分	80~89 分	60~79 分	<60 分
提问目的明确，紧密结合教学目标	0.1				
问题设计适应学生能力的水平	0.2				
问题重点突出，问题表达清晰，语言简明易懂	0.2				
把握好提问的时机	0.1				
有适当的停顿，给予学生思考	0.1				
注意启发性，因势利导	0.1				
对答案能分析评价，强化学习，鼓励学生参与教学回答问题	0.2				

【展示与评价】微格录像展示与点评。

每组推荐一个微格录像在全班展示，通过录像自我观察和同伴观察对课堂提问有效性进行定量和定性观察与分析。

【唤起关注】

往往有效的课堂提问对师范生来说是一个难点，可见，“提问技能”中问题的设计是教师创造性教学的重要体现，是培养学生的问题解决能力的重要前提。教师要关注提问与后续教学行为的衔接，在随后的教学中应用或提及学生的答案，以使学生看到自己对教学的贡献，产生成就感和自豪感，使整个课堂教学构成一个有机的系统。

【收获与感悟】

通过本章的学习与训练，我的收获与感悟：

第八章 地理课堂活动组织技能

地理课堂活动组织技能是地理教师进行地理课堂教学设计、组织课堂教学所必备的基本技能。地理课堂活动是地理教师在新课程理念的指引下，引导学生在预先设计好的情境里开展的课堂学习活动，具有强烈地激发学生学习兴趣、增强师生互动合作的作用。地理课堂活动组织的是否得当，直接关系该堂地理课中学生学习的自主性、有效性，良好的课堂活动有利于开发学生地理思维能力和创新能力。本章主要阐述了地理课堂活动、地理课堂活动组织技能的内涵及特点，结合教学实际介绍了地理课堂教学活动中常用的组织形式，课堂活动组织的一般程序，最后列出一些教学资料以供训练。

【训练目标】

（1）了解地理课堂活动组织技能的内涵及特点。

（2）熟悉地理课堂活动的主要组织形式。

（3）能够根据地理教学内容选择合适的活动方式组织地理课堂教学。

第一节 地理课堂活动组织技能的定义与特点

案例 8-1：赵老师根据湘教版高中《地理Ⅰ》第三章第三节“自然地理环境的差异性”设计以下活动方案：

结合本班实际将学生分为六组，其中每两组讨论一个主题。将地域分异规律设计成三个主题：

（1）结合图 8-1 世界陆地自然带，分析从赤道到两极自然带是如何变化的？主要取决于什么因素？

（2）结合世界陆地自然带，分析从我国福建省到西北新疆维吾尔自治区自然带景观是如何变化的？主要取决于什么因素？

（3）珠穆朗玛峰南坡自然带景观（图 8-2）从低到高如何变化？主要取决于什么因素？

讨论后：

（1）1、2 组讨论结果：由赤道到两极景观变化是从热带阔叶林到寒带针叶林，取决于热量。

（2）3、4 组讨论结果：由福建到新疆景观变化是以沿海阔叶林到内陆荒漠带，取决于水分。

（3）5、6 组讨论结果：珠穆朗玛峰南坡景观从低到高由亚热带常绿阔叶林变为高寒冰雪带，取决于水分和热量。

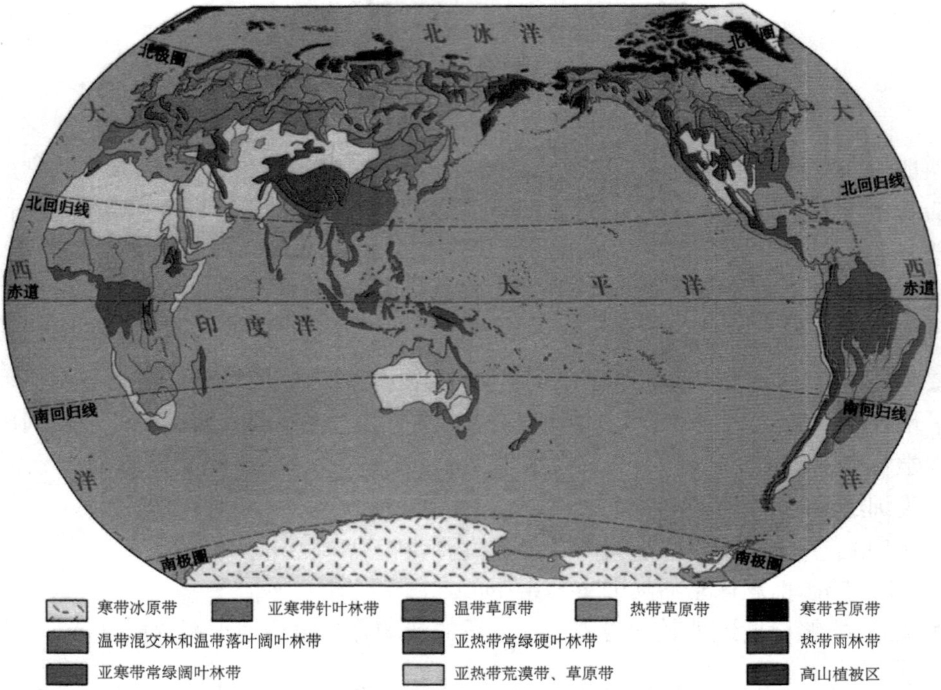

图 8-1　世界陆地自然带分布图

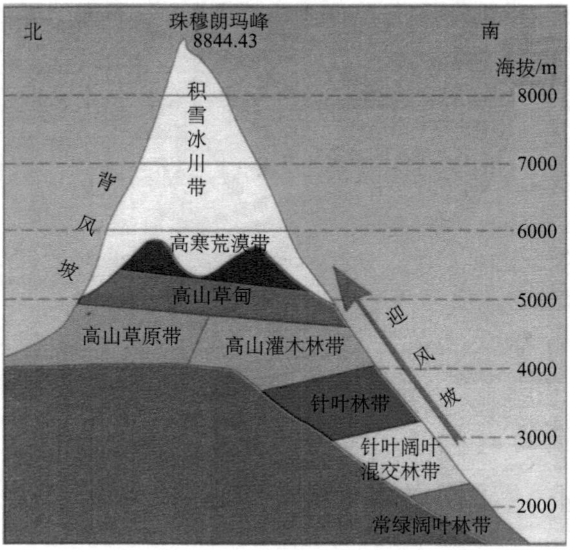

图 8-2　珠穆朗玛峰垂直自然带剖面图

由三个讨论结果，师生总结出纬度地带分异规律、干湿度地带分异规律和垂直地带分异规律。

参与评价

该案例采用了哪种方式组织地理课堂教学，这种地理课堂活动对地理教学有什么作用？该种教学方式与教师单纯讲授知识相比有哪些优势？

一、地理课堂活动组织技能的定义

活动是指运用某种动作、采取某种行为达到一定目的的方式方法的总称。地理课堂活动教学是在地理课堂教学过程中，在教师的指导下，以地理知识为载体，以学生兴趣和内在需要为基础，以培养学生主动认识地理知识，探索地理成果，解决地理问题能力为目标的教学形式。

地理课堂活动组织技能，是指教师在地理课堂教学中运用与教学有关的实践活动，进行教学设计、组织课堂教学、促进学生学习、达到教学目标的一系列有效的行为方式，是智力技能与动作技能的综合体现。

二、地理课堂活动组织技能的特点

地理学科是研究地理环境及人地关系的综合性学科，具有综合性、地域性、开放性、实践性等特征，从学科性质来说更适合以开展课堂活动为媒介来加深地理知识的学习。结合地理学科和课堂活动教学两者优势，地理课堂活动组织技能有其独特性。

（一）活动内容的地理性

地理课堂中的活动设计都是为地理学习服务的，活动内容必然具有地理性。地理学科具有地域性和差异性的特点，有着自己独特的研究内容和研究方向。课堂教学设计中必须先研究章节所要学习的地理知识，以该地理知识为载体开展活动设计，才能凸显学习目标，防止课堂出现“形式花样百出、知识一无所获”的局面。

（二）学习方式的实践性

地理学习的最终目的是为生产生活服务，具有很强的实践性，像工农业区位的选择、沙漠化的防治、河流的综合治理、地质构造与矿藏的分布关系等知识点都是关系人类生活和发展的实用知识。在地理课堂学习方案的设计中，地理活动必须与学生实际生活相关，从学生已有的体验和经历出发，创设情境，引出问题，引导学生积极去探究发现。地理学科强调“学中做”和“做中学”，地理技能就是在不断地探索、体验地理活动的过程中得到提升的。地理学习活动的设计必须来源于生活实践，贴近学生生活。让学生在熟悉的地理环境中不断动手操作、探究知识，这是人类认知的基本规律，否则地理学习活动就会成为空中楼阁。

（三）学生主体的自主性

传统课堂突出知识的传授性，满堂灌、填鸭式教学使学生被动接受，死记硬背成为传统教学典型学习方式。新一轮课程改革就是改变传统教学过分强调知识传授的倾向，变学生被动学习为主动学习，把学生变为课堂的主人。新课程强调学生是课堂的主体，教师是课堂的主导，教师更像是编剧，而真正的演员是学生。课堂活动的设计要以学生为中心，突出学生的自主性，创设问题情境，让学生自己积极主动地去完成活动内容，获得地理知识。教师要减少自身对学生活动的干扰，从旁观察，适时引导点拨。

（四）活动目的的全面性

地理学科培养学生的目标是让学生学会基本的地理规律，掌握一定的地理技能，同时关注学生的情感、态度、价值观的成长。因此，地理课堂活动的设计也强调学生在活动过程中获得知识、能力及情感态度三位一体的全面发展。也就是通过活动锻炼学生的实践能力，掌握地理知识的同时，一定程度上进行情感、态度、价值观的教育，为社会主义现代化建设培养全面人才。

（五）活动的创新性和研究性

课堂活动的设计就是要创设问题情境，引出难题，引导学生去积极思考、努力探究，通过合作等方式共同解决问题。解决问题的过程就是探索问题、创新结论的过程。建构主义理论强调学生学习知识要注重自身知识结构的建构，创设由学生“构建而非复制”的活动情境，学生能够自由参与探究和创新活动的内容，赋予学生创新的责任，激发其创新欲望。

第二节　地理课堂活动的设计与实施

“告诉我，我忘了；给我看，我记住了；让我参与，我理解了。”这个教育谚语反映了学生参与课堂活动的重要性，参与其中，获得体验，才能真正理解地理知识的内涵和规律，才能不断推进学习进程，最终达到创新的目的。在地理课堂上开展活动教学就是为了改变学生的学习方式、思维方式，变被动为主动，提升学生实践能力和创新能力，同时培养学生的地理情怀和家国情怀。可以说，新课程改革所倡导的活动教学非常重要，必须灵活地运用到地理课堂教学中去，这是“功在当代，利在千秋”的人才强国战略的具体体现。

一、地理课堂活动组织方式

综览国内外专家学者的观点，地理课堂活动的种类很多，分类标准繁杂，适用的人群和范围也不尽相同，但是归结一点就是所有活动都是为了突出学生课堂主体地位，增加学生动手动脑实践机会，促进学生全面发展。教育部颁布的《地理课程标准》的教学建议部分，也重点提出“注重突出地理学科特点，灵活运用多种教学方法，充分重视地理信息和信息技术的利用，关注培养学生的学习兴趣、学习能力、创新意识和实践能力”。

（一）自主探究学习活动

自主探究学习活动指学生在教师的指导下，在一定时间内对学习内容自主学习、主动探索、发现问题、提出解决问题方案的活动方式，即学生在教师或学生提供的资料、图件、影像、案例或创设的情境基础上，进行自主探究。另外是课后自探，又叫发现性自探，即学生通过调查研究、收集资料、处理资料、科学实验等进行自主探究。

学生自主探究方案的设计要注意几点：第一，要设计探究问题，这是自主探究活动的主线，让学生带着问题去探究才能有的放矢。创设的问题情境要贴近学生的生活环境，采用乡土地理元素联系学生已有的生活体验编制探究问题，这样才能激发学生探究兴趣，构建起新知识与原有知识体系的联系，便于学生理解掌握生活中有用的地理知识。第二，问题设置要难度适宜，符合学生的认知水平。问题过于简单，激发不起学生的探究兴趣；问题过难，容易使学生知难而退。第三，教师要进行分层指导，引导学生多角度、全方位分析问题和解决问题，要鼓励学生的求异思维，培养学生的创新能力。第四，教师要及时组织学生交流总结探究成果，点评探究过程，最后统一正确结论，以避免部分学生的探究失误。

地理自主探究活动的一般设计流程如下。

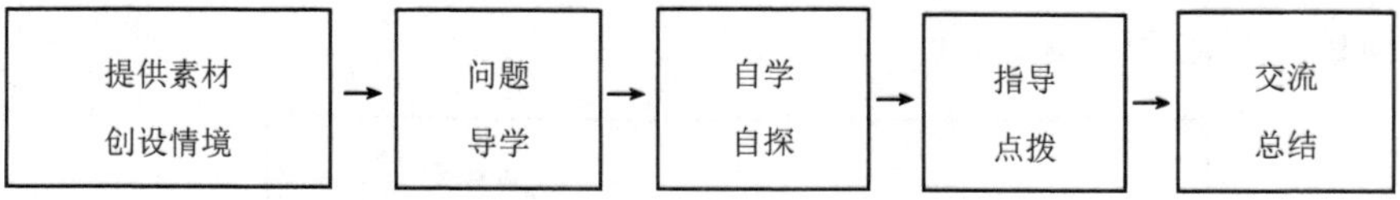

案例 8-2：本案例选自人教版《地理（八年级上册）》第一章第三节“民族”民族分布知识点。

【学生活动·读图探究规律】结合民族分布图，以旅游为问题情境，通过回忆九大民族分布总结少数民族分布地区，通过寻找回家的路探索汉族分布地区，通过回族既分散又聚居的特点体会并总结我国民族分布特点“大散居，小聚居，交错杂居”。其中将一些民族的分布地区设定成闪动区域，以便引起学生注意，加深记忆。

教师：同学们，我们完成文化之旅后，先小组探究以下几个问题，然后挑选几位记忆力较好、眼力也不错的同学来回忆我们走过的路，以便在地图上找到回家的路！

多媒体展示：中国民族分布地图。

教师：设置问题 1.读我国民族分布图（图 8-3），汉族主要分布在我国的哪些地区？

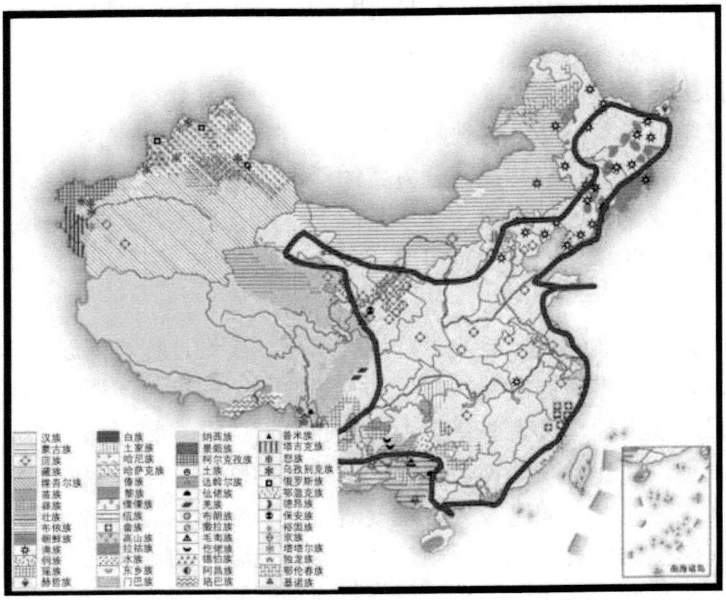

图 8-3　我国民族分布示意图

学生：分布在全国各地，主要在我国的东部和中部。

教师：设置问题 2. 读我国民族分布图，回忆刚刚浏览的九大少数民族主要分布在我国的哪些地区（图 8-4）。

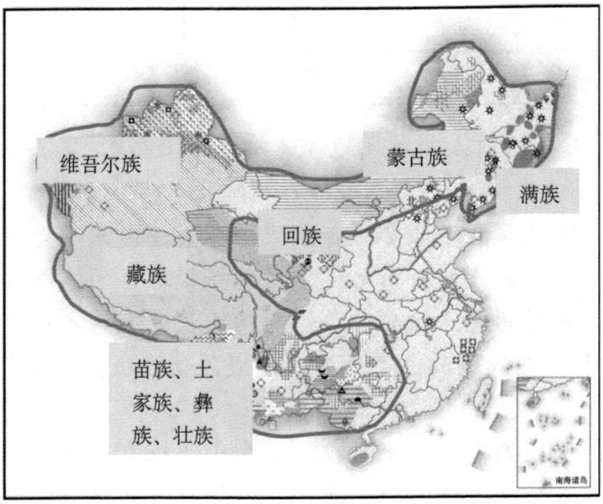

图 8-4　我国九大少数民族分布示意图

学生：东北、西北、西南。

教师：设置问题 3. 读我国民族分布图，除了汉族遍及全国外，回族、满族的分布地区是否较广，你感觉有什么特点？

学生：回族、满族在全国大部分地区都有分布。

教师：根据我国政府部门统计，随着社会的发展，目前中国散居的少数民族人口进一步增加，已经达到 3000 万之多。通过这个统计数据及对汉族、回族、满族等民族分布的分析你能感受到我国民族分布有哪些特点？

学生：分散。

教师：因为我国民族分散分布较多，我们可以用“大散居”来概括这个特点。

教师：设置问题 4. 我国为什么没有在其他地区设置维吾尔自治区呢？

学生：因为新疆维吾尔族人多！小聚居。

教师：设置问题 5. 新疆只有维吾尔族吗？如果有其他民族，那么他们居住有明显的界线吗？体现了怎样的分布特点呢？

学生：其他各民族交错杂居在一起。

教师：总结三个问题推理我国民族分布特点：大散居，小聚居，交错杂居。

参与评价

案例 8-2 中，老师是怎样引导学生进行自主探究的？这样的设计是否合理？你还有什么建议？

（二）地理课堂小组讨论活动的组织 ——合作学习

讨论式教学过程在体现学生主体性、师生互动、生生互动等交互课堂上有独到功效，是培养学生批判性思维的一种方法。把地理问题设计成讨论题，通过小组讨论，实际是运用“头脑风暴”的方法把大家的见解都摆在桌面上，然后大家共同讨论，去伪存真、去粗取精得出地理规律。为了取得讨论结果的有效性，一般采取小组合作式讨论方法进行，即将全班分成若干讨论小组，提出讨论命题，制订讨论和发言规则，限时要求交出讨论结果。地理讨论式教学活动是学生在宽松的学习环境里，愉悦地表达自己的见解并通过思维的交锋去认识正确规律获取知识的自主学习方式，是充分体现学生课堂主体地位的一种活动方法。

小组合作讨论活动是现行课堂教学实践中普遍采用的活动方式，也是最有效的自主学习活动之一。采用小组合作讨论活动应注意以下几点：第一，讨论命题要有价值。讨论命题的设置要有意义，要有合作学习的价值，不能将某些地理名词、地理常识性知识点进行讨论，那样讨论的结果毫无意义。第二，小组合作成功的关键是合理分组。要以“组内异质，组间同质”的原则分组，这样小组间势均力敌才会产生竞争，小组内部声音不同才能找到讨论的焦点。第三，教师要时刻关注小组讨论情况，及时进行点拨指导。小组讨论时，由于话题具有一定的开放性，学生们很容易将讨论焦点引向远离主题的方向，教师要及时给予“拨乱反正”。第四，要制订好讨论发言规则。讨论前要制订好谁记录、怎样选代表发言、谁主持发言等，只有这样才能避免无人讨论或无人发言的局面产生。地理课堂小组讨论活动设计的一般流程如下。

提出议题 → 小组讨论 → 观点辨析 → 师生评价 → 归纳总结

案例 8-3：李老师在讲授“人类面临的主要环境问题”时，设计了以下问题供学生分组讨论：

（1）环境问题的概念与分类。

（2）引起环境问题的原因。

（3）日常生活中人类面临的主要环境问题有哪些？对生活有哪些影响？

【思考与讨论】以上问题都适合学生分组讨论吗？为什么？如何选择小组讨论题目？

案例 8-4：某中学张老师尝试组织学生进行合作学习。张老师在提出讨论的问题后，要求前后桌 4 人一组立即进行讨论，课堂气氛顿时热闹了起来。几分钟后，张老师叫停，请各小组来汇报讨论结果。但是有的小组你推我让，还有的小组一个同学站起来只谈了自己的观点。

参与评价

你对案例中的地理合作学习活动有什么评价？组建合作小组应注意什么问题？

【相关资料】组建学习小组的要求

（1）小组规模：规模大小可以依任务的性质、小组成员的合作技能、合作的时间而定，一般 4~6 人为宜。

（2）小组的构成：按“组内异质，组间同质”的原则进行。

（3）小组角色要分工明确，确定各自责任，组长、主持人、记录人、报告员这几个基本角色是必备的，以后讨论时可以角色轮换，以锻炼学生多方面能力。

（4）协助学生制订小组合作规则，学会倾听和评价、支持与扩充、表达与争辩、建议与接纳等。

（三）角色扮演学习活动的组织

角色扮演活动组织形式是教师根据教学内容模拟各种真实的工作与生活情境，由学生或师生共同扮演情境中的各种角色，以了解社会中的实际问题及其人际关系，并寻找出具体的解决问题的办法。角色扮演教学模式，适合不同层次的学生同时学习，不只是客观地表达一种观点，而是以一个特定身份表现观点、情感、态度和行为方式，有助于学生提高个人认知水平，发现自己的才能，培养良好的情感、态度和价值观，以及表现能力，适宜主题鲜明的实践活动。但这种方式费时较多，自由度很大，应审慎开展，并做好充分准备。

角色扮演活动的设计应注意以下几点：第一，角色扮演选题要具有趣味性、综合性。选题要突出当今社会经济发展中的热点地理问题和地理知识，与现实生产生活密切相关。第二，选定角色时要“因才选人”。要考虑学生的语言能力、外在形象、性格特点、生活背景、知识层次等，真正做到适合形象。第三，要制作好脚本也就是剧本。剧本的编写要符合学生语言特点和知识层面，还要综合课堂时间详略得当地确定剧本长短。第四，要及时引导学生进行评价得出结论。在课堂表演中，教师一定要及时点评，可以在表演过程中随时评价，也可以在表演完成后对整场表演进行评价，这样才能引导学生透过戏剧看到地理本质，找出地理难题，探索解决方案。第五，角色表演要尽量全员参与，如果做不到也要积极引导未参加的学生进行评价。

角色扮演活动的一般设计流程如下。

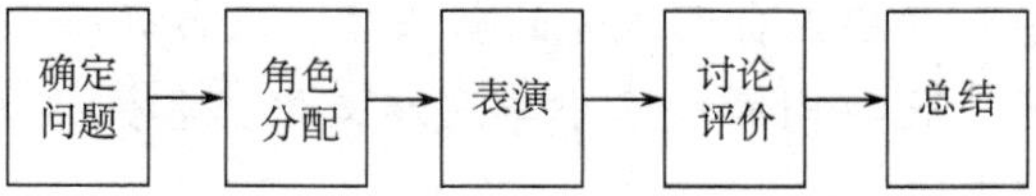

案例 8-5：本课题选自人教版《地理（八年级上册）》第一章第三节“民族”。

介绍民族文化差异时，分东北、西北、西南三大区域设计民族之旅的三站旅游地，课前聘请九位同学担任旅游助理查阅九大民族相关知识编写导游词，模拟九大少数民族同学介绍自己的民族。同时，让学生读中国民族分布图回答相关民族的分布，渗透少数民族的分布地区等知识。

第一站：东北。

教师：同学们接下来进入我国民族之旅的第一站，东北地区。读我国民族分布图，找出九大少数民族中分布在东北地区的民族。

学生：满族、蒙古族。

教师：有请满族助理爱新觉罗·宗成同学，蒙古族助理斯琴格日乐简要介绍满族、蒙古族。

学生A：我是满族的爱新觉罗·宗成，我的姓氏与历史上著名的康熙大帝相同，我们满族是中国最后一个封建王朝的统治者，现在主要居住在东北地区，旗袍是我们古老的服饰，我们有着精湛的厨艺，可以为旅客朋友们奉上一桌丰盛的满汉全席。

学生B：我是斯琴格日乐，蒙古族，我们蒙古族生活在坦荡的内蒙古大草原，以游牧文化为主，生性豪放，待客热情。著名的节日是那达慕大会，在这一重大节日里，男女老少身着盛装聚在一起，举办文体活动，主要的体育活动便是摔跤、射箭、赛马。

第二站：西北。

教师：同学们，接下来进入我国民族之旅的第二站，西北地区。读我国民族分布图，找出九大少数民族中分布在内陆西北地区的民族。

学生：维吾尔族、回族。

教师：有请维吾尔族助理尼格买提•热合曼同学，回族助理马思齐同学简要介绍维吾尔族和回族。

学生C：我是维吾尔族的尼格买提•热合曼，我们维吾尔族生活在白雪皑皑的天山脚下，在天山两侧放牧羊群，在盆地绿洲里种植葡萄与哈密瓜等水果。我们也是一个能歌善舞的民族，我们著名的小吃便是闻名全国的烤羊肉串。

学生D：我是回族的同学，我有个与汉族同学相差不多的名字，马思齐，回族是中国分布最广的少数民族，在居住较集中的地方建有清真寺，又称礼拜寺。我们的生活与伊斯兰文化密切相关，著名的节日开斋节，家家户户都要早早起来，打扫院子巷道，男女老少都换上自己喜爱的新衣服，准备开斋。

学生：各民族的文化共同构成了中华民族文化，各民族文化是中华民族文化的一部分。

第三站：西南（省略）。

【点评】 该案例中设计了以旅游活动为主线的“角色扮演”活动，激发了学生课下自主查找学习资料的热情，课上学习氛围愉悦，表演生动，准备和表演过程加深了学生对知识的体验和理解，做到了寓学于乐。

（四）地理竞赛、辩论等学习活动的组织

根据教学内容，开展地理知识辩论等竞赛活动，以此为载体激发学生兴趣，提高学习效率，深化对知识的记忆和理解，还有利于培养学生的合作意识和竞争意识、责任意识和规则意识。教育心理学研究表明，一定的竞争环境能够激发学生潜在的竞争意识，能够使其积极主动地探究地理知识、寻找解决方案。地理竞赛就是将地理教学内容拟定成竞赛问题，通过分组准备，选取合适的竞赛形式进行考核的学习方式，它可以采用有奖问答、限时抢答、辩论、演讲等多种形式开展。该种活动组织形式多用于记忆性知识比较多的章节和复习巩固课程。

竞赛类学习活动的设计要注意以下几点：第一，竞赛内容必须选自地理课本。活动的设计是以辅助教学为目的的，不能喧宾夺主偏离主题，竞赛内容必须以课本教学内容为基础或者是与课本联系密切的一些课外知识为基础。第二，竞赛形式选择要合理。记忆内容较多应选择有奖竞答等方式，多提问，注意兼顾全体学生；内容以观点性主题为主，可以组织辩论、演讲等形式，总之，形式选择必须灵活而又切合实际。第三，竞赛主体必须是学生。要体现竞赛设计中学生的主体性。第四，要注意及时点评和鼓励。教师是活动的设计者，要适时点出竞赛的目的和知识规律，同时，不断地鼓励学生，促进学生进取的积极性。

竞赛类活动的设计一般流程如下。

【思考与讨论】地理课堂教学中使用辩论有什么好处？什么样的学习内容适合辩论？

（五）地理游戏的组织

英国教育学家斯宾塞在 1854 年提出进行“快乐教育”的教育思想。兴趣是最好的老师，如果将学习知识变成一件有趣而又快乐的游戏事件，那么学生一定会积极主动地去体验。地理教学中根据教学内容，设计一些娱乐性的竞赛游戏，以此为载体激发学生兴趣，培养能力，深化对知识的理解是一种有效的活动方式。

游戏教学虽然兴趣无穷，但也容易偏离主题，尤其是选取内容时必须要与课本相结合，这就需要对课本内容进行极大地整合编制游戏。往往拼图游戏类对电子媒体技术要求较高，软件编程技术水平不高的教师很难完成该项任务，所以在平时拼图活动组织时，尽量利用网络搜集现成拼图游戏进行该项活动，以便提高课堂活动效率，减少备课准备时间。

常用的地理游戏如下。

（1）拼图游戏。可以将中国省级行政区、六大板块组成图等做成 Flash 动画拼图。

（2）地名接力。前后一排人依次说一个地名，第二个人必须以前一个人最后一

字开头，否则将受到惩罚。

（3）谜语游戏，将地理知识编制成谜语让学生猜测。

会练武的男人（武汉）　夸夸其谈（海口）　四季长春城（昆明）

谜底揭晓会给学生留下深刻的印象。

> 案例 8-6：本案例选自湘教版高中《地理Ⅰ》第二章第二节“地球表面形态”。
>
> 本节课为复习课，设计为游戏课，共分为三个环节：拼图游戏、抽签必答题、有奖抢答。
>
> 拼图游戏：可以主动要求也可以随机点名找部分同学在多媒体上进行“六大板块拼图”游戏。
>
> 抽签必答：将课本基本知识总结成一些填空和问答题，用随机抽签软件抽取同学回答问题。例如，褶皱地质构造的两种基本形态为______和______；印度洋板块和亚欧板块碰撞挤压都形成了哪些地形？
>
> 有奖抢答：将一些有难度的实践问题编制成抢答题，让学生抢答。例如，一个勘探队想要勘探石油，他们应该到什么地质构造上勘探？“水滴石穿”体现了哪种外力作用？

【点评】 该案例为复习课，将课堂知识转化为游戏元素呈现给学生，让学生怀着玩游戏的心态，于轻松、愉悦中将知识复习一遍，同时竞赛元素还能提高学生注意力，寓教于乐、寓学于乐，效果明显，但这种地理课堂活动需要教师课下整合课本知识，搜集大量资料。

二、地理课堂活动组织技能的实施

一堂优秀的地理课必然离不开教学活动的支撑，因此设计和编制好教学活动成为课例成功与否的关键。

（一）地理课堂活动设计的内容

一般来说，课堂教学活动至少包含下述几个方面：①说明这一教学活动主要解决的问题；②实施这一教学活动所应提供的教学支撑材料（如图片、课件、地图、标本等）；③教师在这一教学活动中的活动安排；④学生在这一教学活动中的活动安排；⑤设计“地理课堂教学活动”的评价题目。

撰写“教学活动”的形式可以多种多样，关键是要看活动是否有效，活动过程描述是否清楚得当。一堂地理课中往往会运用多个活动，而且课堂活动也不是相对孤立的，一般会融合在一起综合开展构建一堂完整的地理课。

（二）地理课堂教学活动设计示例

以人教版《地理（八年级上册）》第二章第二节“气候”中我国夏季气温分布特

点及温度带为例进行设计。

1. 全面分析教学三维目标，梳理教学内容

通过阅读课本、教参分析得出本节三维目标为：

（1）知识与技能。理解并掌握我国夏季普遍高温的特点，温度带的划分，同时提升学生读图分析能力和总结归纳能力。

（2）过程与方法。通过自主阅读中国7月平均气温的分布图，总结中国夏季普遍高温的特点；通过小组讨论不同省份水果在各温度带的分布，熟悉各温度带的范围，理解依据生产实际划分温度带的标准。

（3）情感、态度与价值观。培养学生热爱旅游、善于思考的情感，使之学会用所学知识去指导旅游生活。

2. 通过各种途径获取教学素材

经分析整理该节主要材料如下。

（1）图片：我国1月、7月平均气温分布图。

（2）图片：我国温度带分布图。

（3）网络搜集各种水果图片。

（4）课本对温度带等知识的介绍材料。

3. 确定设计思路，选择合适的活动形式

本节设计将以旅游为主线，结合图片和各温度带水果等大家熟知的常识，设计采用读图探究、合作讨论、竞赛抢答、设计旅游路线小游戏等活动形式组织课堂教学。

4. 具体编写教学设计，安排教师、学生任务

（三）课堂教学活动的实施

1. 新课导入

2. 夏季气温的分布特点

[创设情境，读图探究问题，分组讨论]

问题1：王先生连续三年暑假分别去了广州、哈尔滨、乌鲁木齐避暑，却每次都失败了，这是为什么？[参考我国7月平均气温分布图（人教版《地理（八年级上册）》）]

讨论结论：学生通过读图总结三地夏季气温都比较高，推理出我国南方、东北、西北等大部分地区夏季普遍高温。

问题2：王先生明年去哪里避暑才能达到效果？参考我国7月平均气温分布图。

讨论结论：学生通过读图得出青藏高原温度低。

3. 我国温度带的划分

[有奖竞答]

王先生通过旅游手册了解到我国依据气温南北差异，并结合农业生产实际划分了5个温度带和一个高寒区。王先生想品尝海南的香蕉、湖北的橘子、山东的苹果、塔里木盆地的哈密瓜、吉林的松子、漠河的土豆、西藏的青稞酒。请同学们找出它

们都位于什么温度带？

学生争相回答得出结论。

教师：同学们还能为王先生介绍一些其他不同温度带的特产吗？

[读图对比探究]

王先生的新发现：随身携带的温度带地图中亚热带和暖温带的分界线与 1 月等温线分布图上一条等温线相似，能找出是哪一条吗？王先生从亚热带到暖温带需翻越哪座山又要蹚过哪条河呢？

同学们总结：秦岭—淮河：1 月 0℃等温线，亚热带和暖温带分界线。

4. 游戏——设计旅游方案

教师：为了磨炼意志，王先生很想挑战严寒和酷暑，请同学们以小组为单位仔细研读中国 1 月、7 月平均气温分布图，并通过网络等途径为王先生找出冬天最冷和夏天最热的地方，同时给王先生提供当地温度带的特产资料，设计出旅游方案。

5. 及时反思活动设计效果，不断改进设计方案

本节教学设计案例经过实际教学实验后反思如下。

本节课活动形式多样但数量过多，时间无法保证，因此将最后一个游戏环节改为课下拓展作业，下节课总结汇报。活动进行中分组进行并没有一直实施，到后来环节没有分组进行，发言较乱，思想不统一，部分学生并没有参与进来，无法照顾全面性。今后的教学中本节课将课前分组，贯穿本堂课，让竞争的号角一直吹响，会获得更好的效果。

【思考与讨论】 根据以上案例，分析一个完整的地理课堂活动包括哪些环节？每个环节需要注意的问题是什么？

【课后训练】 每组从以下训练方案中，选择一个进行活动方案设计。

（1）阅读以下材料，以游戏或竞赛类活动形式设计教学活动方案。

请结合我国 34 个省级行政单位的名称、简称、省会等基本知识，为该知识点设计活动方案。

（2）阅读以下材料，以讨论或者辩论的活动形式设计教学活动方案（提示：争论点为水球还是地球）。

从地球仪或地球卫星照片上可以看出，地球表面明显分为陆地和海洋。海陆分布构成了地球的基本面貌特征。

苏联宇航员加加林说，从太空看到的地球是一个蔚蓝色的美丽星球，它看上去更像“水球”。根据计算，地球表面 71%是海洋，而陆地面积仅占 29%。概括地说，地球上七分是海洋，三分是陆地。海洋彼此相连，陆地则被海洋分割成许多大大小小的陆块。

从地球仪上可以看出，世界海陆分布很不均匀。陆地主要集中在北半球，但是北极周围却是一片海洋；海洋大多分布在南半球，而南极周围却是一块陆地。

（3）阅读以下材料，利用自主探究活动设计教学活动方案。

经线和纬线：在地球仪上，与南、北极距离相等的大圆圈，叫赤道。所有与赤道平行的圆圈叫纬线。赤道是最大的纬线圈。纬线在南北两极缩成一点。纬线指示东西方向。

赤道的纬度为 0°，是纬度的起始线。从赤道向北和向南，各分 90°，称为北纬和南纬，分别用“N”和“S”表示，北极和南极各为 90°。

人们规定，全球 0°~ 30°为低纬度地区，30°~60°为中纬度地区，60°~ 90°为高纬度地区。

（4）阅读以下材料，利用角色扮演活动形式编制表演剧本。

地球最多能养活多少人

人类只有一个地球。目前，面对数量庞大且与日俱增的人口，地球上的可用空间越来越小，自然资源也变得越来越匮乏。近几十年，人类已充分感受到人口数量过快增长所带来的种种困扰，日益关注人口数量与环境的关系。

理论研究和现实问题都表明，环境对人口的容量是有限度的，这种限度可以用环境承载力来表示。一般来说，环境承载力是指环境能持续供养的人口数量，所以人口数量是衡量环境承载力的重要指标。为了估算一个地区、一个国家，乃至整个地球能持续供养的人口数量，科学家们提出了环境人口容量的概念。

环境人口容量的大小受到许多因素的制约，其中，资源、科技发展水平及人口的生活和文化消费水平，对环境人口容量的影响最大。

学者们对环境人口容量有三种观点，如下。

乐观者：认为未来世界的人口，不会达到环境人口容量的极限值。

悲观者：认为目前世界人口太多，已经大大超过了地球的环境人口容量。

中间者：认为地球的环境人口容量在 100 亿左右。

【展示与评价】各组在课堂上汇报自己的活动方案设计，汇报形式要求新颖，评出最佳方案设计奖和最佳现场汇报奖。地理课堂学习活动组织技能评价标准如表 8-1 所示。

表 8-1　地理课堂学习活动组织技能评价标准

项目	评价内容	优秀	合格
1	活动前准备是否充分	充分	有一定准备
2	活动前的交代与讲解	必要而详细	简单、概括
3	活动中注意适时调控、引导启发、及时鼓励、解答疑问	适时指导、调控	仅回答问题
4	活动后是否注意指导学生做好总结	指导且具体	仅要求作总结
5	学生对活动的兴趣、收获	非常有兴趣、有收获	一般

【唤起关注】活动点燃激情，课堂激发勇气。

用适当的课堂活动点燃学生学习地理的激情，用灵活多样的活动形式激发学生自主探究的勇气。新课程改革以来，新的理念呼唤学生的自主学习、自主探究精神，倡导将课堂还给学生，让学生成为课堂的主人。要改变过分强调知识传授轻视能力培养的倾向，把素质教育提上日程，把培养学生动手、动脑主动思考探究能力作为主要目标。通过本章的学习，读者熟悉了地理课堂活动的常见组织形式，应能够依据一定的地理知识选用合适的活动形式，设计并驾驭课堂教学活动，真正使地理课堂变成自主、民主、探究的课堂。

【收获与感悟】

通过本章的学习与训练，我的收获与感悟：

第九章　地理课外实践活动组织技能

新一轮的地理课程标准修订将人地协调观、综合思维、区域认知和地理实践力列为核心素养，其中，地理实践力主要表现为在真实情景中用已有的地理知识和技能，感悟、分析、理解人地关系状况，从而学以致用。地理课外实践活动是在地理课堂教学之外进行的，是由学校组织指导的课堂教学的必要补充，是实现素质教育要求的一种教育途径，是培养学生地理实践力的重要阵地。而教师作为地理课外实践活动的直接组织者，其组织技能的高低直接决定学生地理实践力培养的达成度和有效性。

【训练目标】

（1）了解地理课外实践活动组织技能的含义。

（2）掌握地理课外实践活动组织的原则和过程。

（3）了解地理课外实践活动的主要类型及活动的注意事项。

（4）学会组织指导学生开展地理课外实践活动方法。

第一节　地理课外实践活动组织技能概述

一、地理课外实践活动组织技能含义

地理课外实践活动是地理教学的重要组成部分，它不仅是课堂的补充和延伸，还是理论和实践相结合的教学形式。地理课外实践活动组织技能是指教师达到课外实践活动目标需要具备的教学组织能力，具体包括地理课外活动方案的制订、活动的组织实施、活动的评价及总结能力。

二、地理课外实践活动组织的意义

（一）巩固知识，激发学生学习兴趣

地理学科核心素养中，地理实践力是指人们在地理户外考察、社会调查、模拟实验等地理实践活动中所具备的行动能力和品质。学生具备地理实践力，就能够运用适当的地理工具完成既定的实践活动，对地理探究活动充满兴趣与激情，并会用地理眼光认识和欣赏地理环境。

（二）开阔眼界，促进思维发展

地理课外实践活动，有利于将从外部实践活动中获得的感性经验转化为理性思维，体验转化为情感，学生可以在一定范围和限度内接触、观察地理环境，学习和研究地理环境，促进由形象思维到抽象思维的转化。例如，在讲解等高线时，学生很难将一座山体转化为几个圆圈的平面图，也很难将只有几个圆圈的平面图想象为

一座山，更难在图上认识各种地形。教师可带领学生走出课堂去观察河谷、山谷、山脊、鞍部、山顶，并让学生在山顶上反复观察周围情况，在纸上勾勒池塘与耕地的分界线、耕地与竹林分界线、竹林与树林的分界线。这样，一幅类似等高线的图就出现在学生面前。

（三）加强实践，培养地理能力

开展课外实践活动，能使学生巩固、理解课堂学到的地理知识。例如，在讲黄土高原水土流失时，可以带领学生到学校工地的沙滩做实验，让学生观察在强雨和弱雨、无草皮和有草皮等不同情况下水土流失和泥沙沉积的不同结果。地理课外实践活动组织有助于培养学生综合实践能力、创新能力和探究能力，在满足学生知识需求的同时促进其综合素质的提升，以适应国际化要求。

（四）提升教师的专业能力，推进教学改革

地理课外实践活动有效开展要求教师具备丰富的专业知识，创新有效的活动设计能力和较强的活动组织能力。因此，课外实践活动的开展有助于转变教师的教育观念，促进其综合实践课教学技能的提升。地理课堂教学改革主要集中在教学目标、内容、方法、模式、评价等方面，地理课外实践活动，以其丰富的活动案例、完善的设计原则、优化的实施步骤、细化的注意事项推进教学改革。

第二节　地理课外实践活动的基本类型

由于地理学科研究的是整个地理环境，因此就决定了其研究内容的广泛性和研究方法的实践性，进而也就决定了中学地理课外实践活动内容和形式的多样性。主要分为读图用图类、动手操作类、社会调查类、地理考察类、课题研究类等。

一、读图用图活动

地图作为地理第二语言，是学生搭建知识与生活桥梁的关键。因此，读图、析图、用图能力对地理实践力培养具有重要意义。

教师要善于创造读图用图机会，善于将地图融于生活，帮助学生建立心理地图，培养学生读图析图能力。同时，读图作业的设置讲究新、活、广，教师要完善自身的专业知识，善于指导学生形成读图析图思路，增强读图用图热情，从而感染学生。例如，利用地形图，开展一次定向越野活动；使用地图陈述石家庄不同历史时期交通路线变化；使用百度地图软件规划旅行路线、乘车方案、食宿安排、景点选择等活动。

案例 9-1：地图三要素——校园平面图的绘制。

1. 活动目标

（1）了解平面图制作的基本方法和步骤，巩固地图的三要素（图例、方向、比例尺）。

（2）掌握准确测量长度和方向的方法并选择恰当的比例尺。

（3）培养学生分工合作的精神、动手操作能力和地理实践技能。

2. 活动内容

（1）测量并记录学校围墙长度，主要建筑物的形状及对应数据。

（2）为图中主要的建筑物和标志物选取恰当的图例。

（3）选择恰当的图幅大小，并根据图幅大小和学校的围墙长度选择恰当的比例尺。

（4）使用指南针、太阳的位置、手表法等方法确定方向，并在图中用方向标予以表示。

3. 活动用具

指南针、手表、卷尺、绘图纸、铅笔、彩笔等。

4. 活动形式

班级共分为 6 个小组，每组两名成员负责测量，记录数据，制表，计时，主绘各一人，其他小组成员负责协作完成绘制。

5. 成果处理和评定

收集绘图成果，在班里展示，从地图三要素的完整性，绘图的规范性、美观性、创新性，对细节的巧妙处理等方面进行评比，选评出优秀校园平面图在学校橱窗展示。

【点评】案例 9-1 适用对象为初中生。初中生活泼好动，思维活跃，创新能力强，课外实践活动有助于调动学生学习的积极性，培养其地理学习兴趣，提升地理实践素养。活动目标设计清晰合理，符合科学性和可操作性的原则；活动内容紧紧围绕地图三要素展开，从而帮助学生更好地理解图例、方向和比例尺的应用，掌握基本的地理技能；活动形式为小组合作，教师仅规定了组内的主要任务要求而并未对具体的实施过程过多限制，为学生创造了更多的发挥空间；活动整体设计较为完整，从前期的准备到中期的实施再到后期的成果处理与评定均做出明确的设计，从而充分调动了学生的积极性。

二、动手操作活动

动手操作活动包含很多形式，如地理实验、观测、教具制作、信息技术使用等。针对观察实验类作业，教师首先要激发学生观察的动机，通过观察启发诱导学生提出问题，并给出客观评价，创设实验情境，激发深度质疑，制造认知冲突。针对动手制作类作业，教师要向学生传达科学性、艺术性及可操作性的原则。对制作成果检查验收，肯定优点，指出不足。针对信息技术使用类作业，如 3S（GIS、GNSS、RS）技术、Google 地球，教师要系统讲授技术或软件的应用范围和使用方法，进而设定情境，指导应用。

> 案例 9-2：利用多媒体网络信息资源的实践活动
>
> 河北省威县二中地理教师张老师在讲授湘教版高中地理选修Ⅲ《旅游地理》第二章“旅游景观的欣赏”第二节“中国名景欣赏”时，利用多媒体网络信息资源带领学生开展课外实践活动。他是这样设计的：
>
> 中国的名山
>
> （1）设计课上自学任务：阅读课本 30~36 页，了解泰山、峨眉山、武当山、庐山等名山的景观概况与特点。
>
> （2）设置课外延伸任务：分六组，通过互联网查阅，了解衡山、恒山、嵩山、华山，佛教名山九华山、普陀山概况。
>
> （3）各组根据搜集的素材，制作名山介绍 PPT，要求包含视频、文字和图片，汇报时间 6 分钟。

【思考与讨论】案例 9-2 中张老师这样设计的好处是什么？你有什么好的建议？

三、社会调查活动

社会调查活动重视获取一手资料，是课题型研究活动开展的重要方法。用“地理镜头”看世界，从身边的地理问题入手，通过查阅资料、社会调查，获得对社会的直观感受，从而达到自觉尝试用已有的知识和技能综合解决地理问题的目的。

在调查活动的开展过程中，教师应列举出典型的社会调查课题，增强学生对身边地理问题的感知力；学生分组自主选择研究方向并做出可行性分析，设计调查方案，编写问卷，书写调查报告；教师组织学生针对不同小组调查作业的选题、调查方案设计的合理性、调查开展情况、调查报告及研究成果汇报做出综合性评价。例如，调查离你最近的一家超市商品的产地及销售情况，写一篇调查报告，主题为“身边的国际贸易”；调查你所在城市 1 个月内的 $PM_{2.5}$ 指数，做好记录，结合该城市自然地理环境特点进行分析。

四、地理考察活动

地理考察活动是学生开展实践活动、建立地理感知、培养学科兴趣的最基本的活动形式。教师提前布置查阅相关资料的学习任务，明确考察目的。条件好的可以利用城市和校内资源开展考察活动，如博物馆、气象观测站、天文台、环保局、地理园，条件相对较差的要善于挖掘身边的乡土教材，基于乡土资源展开考察。

以石家庄万达广场为例，实地考察，1 小时内绘制出广场周围交通路线图，标明土地利用类型，标明不同地方相应的商业活动（如公园、商厦、医院、银行、小商贩位置等）。

五、课题研究型活动

地理课题研究型作业强调过程体验，综合性强，注重通过实践经验提升其社会问题地理视角感知力及分析解决问题能力，即实践力素养。研究共涉及三个阶段：问题情境、体验和表达交流。

教师指导学生完成前期的研究课题的选择，研究环境的支持，研究方案的规划设计；中期教师要做好跟踪性过程评价指导，帮助学生优化实践调查方案，提供给学生数据分析方法（如 Excel 制图或问卷网）；后期小组合作撰写课题研究报告并组织好学生展示交流，师生、生生互评和自评。湘教版高中地理课外实践活动主题设计如表 9-1 所示。

表 9-1　湘教版高中地理课外实践活动主题设计举例

《地理 I》	活动设计
一、宇宙中的地球	1. 查阅资料，对比中、美、俄、印度、欧盟太空探索进程，并选择一种形式（短文、制图、动画）等向家人介绍地球之外的宇宙环境 2. 使用 Google Earth 软件演示昼夜更替现象及昼夜长短变化，向你的伙伴描述变化过程并解释成因 3. 假如学校准备建设一座新的教学楼，为保证一楼教室学生能常年接受光照，应如何设计楼间距？请以小设计师的角色完成该项工作
二、自然环境中的物质运动和能量交换	1. 用黑曜石制作的锋利的解剖刀常用于整形手术，火成岩常用作建筑材料，通过查阅资料，书写一份关于常见岩石用途的调查报告 2. 通过野外考察，观察岩石节理、颜色等性状，制作表格区分，小组间比赛辨认岩石 3. 用已学知识分析说明爱尔兰、澳大利亚、南非、巴基斯坦、日本五个国家中哪些国家地震次数多，并通过收集的地震次数资料验证结果 4. 以你所在的小区为例，从楼高、朝向、采光、风向和室内设计等方面研究其布局的合理性 5. 从中国天气网查看你所在城市气象图，分析当前的天气信息并预测未来的天气状况；观察浮云万象，推测天气变化并基于预测的准确性和信息的有效性写一份评价报告 6. 分组收集并分类整理气象谚语，小组合作讨论其成因并展示交流 7. “厄尔尼诺知多少”。了解近期的厄尔尼诺现象，收集相关资料，从气象学的角度解释成因及影响，用数据验证结论
三、自然地理环境的整体性与差异性	1. 舌尖上的中国：“阳光直射赤道，已是春分时节，但这里（东北），寒冷还未远离，到处都是积雪。3 月的夜晚，−15℃，制作冻豆腐最适宜的温度。而向南 2000 多公里，同样的春分时节，冷暖空气激烈对峙。天目山，春雷唤醒土壤中的生命，江西上堡乡已经进入播种、等待萌芽的季节”。描述差异及产生差异的原因 2. 分小组设计一条旅游线路，收集旅游目的地代表性景观的明信片，制作“我的足迹地图”，展示成果，并描述自然景观的差异并分析原因

续表

《地理Ⅰ》	活动设计
四、自然地理环境对人类活动的影响	1. 在成都、丽江、重庆、兰州四个城市中任选一个，查阅资料，小组合作分析当地自然环境特征对聚落和交通的影响 2. 通过查阅资料，了解智利、秘鲁、巴西和阿根廷的自然地理概况，分析科迪勒拉山系的存在对国与国之间文化交流的影响 3. 查阅资料，采用你擅长的方式介绍一个城市、国家或地区，分析资源对一个地区经济发展的影响（墨尔本、南非、中亚、拉丁美洲） 4. 根据美国国家科学院研究结果，近百年来，地表温度已经升高大约 0.56℃。基于此，查阅相关资料，分析全球变暖带来的影响 5. 以“足球地理”为主题，收集与足球相关的地理知识及世界杯的相关情况，分析地理环境对足球运动员水平发挥的影响
《地理Ⅱ》	活动设计
一、人口与环境	1. 查阅资料，分析德国、俄罗斯、美国、中国人口政策的差异及产生的原因 2. 小组合作：分析我国人口政策的变化，即计划生育—单独二胎—全面放开二胎产生的原因，并阐述人口政策的变化带来的影响 3. 调查你周围的人群，汇总人口移民国家选择的倾向性及原因 4. 收集资料，了解发达国家，如澳大利亚、美国等国家的移民政策及变化的社会背景 5. 登录国家统计局 http://www.stats.gov.cn/tjsj/网站，下载中国统计年鉴，查看人口相关数据（出生率、婴儿死亡率、识字率），分析人口素质水平
二、城市与环境	1. 选取两个城市（如石家庄和天津），对比城市规划优缺点，找出问题所在并给出长期规划简易方案 2. 理想住宅的选择（统计调查你所在地区不同区域房价，分析影响房价的主要因素，模拟选房购房，浏览广告、实地考察、了解咨询，比较候选的商品房差异，确定购房方案） 3. 通过电子地图调查你所在地区附近的便利店、超市、商场、地区医院的分布，结合中心地理论解释其分布特征 4. 分析城市内部运动模式（如交通线、零售区域、学校、公园、车站等）的变化对城市内部空间发展格局的影响，如石家庄火车站的搬迁对城市商业区的影响、正定机场对正定县城发展的带动作用等 5. 使用航拍照片、地形图及普查数据，了解城市土地利用的合理性 6. 作为城市规划师的你想建一座新型城市，需要考虑哪些因素（可以完全按照自己的意愿，只要给出合理依据即可）
三、区域产业活动	1. 假如你是投资者，你将如何开发谷地（汉水谷地或湟水谷地）周围地区的农业？假如你要开设一个工厂，如何选址？（地价、原料及产品运输、交通、劳动力、配套设施等） 2. 当前电子商务蓬勃发展，物流业也随之兴起。而如聚美优品、当当网均将仓库设在天津市武清区，请查阅资料，分析该区域物流配送的优势 3. 任选一个区域，评估土地价值（交通、公共产业服务、产业集聚、环境、盛行风向），并绘制图表对比成本最低和成本最高的土地位置特点 4. 以石家庄为例，调查交通对商业区布局及房价的影响。分析石家庄地铁线建设对石家庄房地产市场的影响 5. 调查世界性合作组织对区域经济发展的影响，小组合作，汇报交流（以北约、欧盟、北美自由贸易区等为例）
四、人类与地理环境的协调发展	1. 查阅相关资料，小组辩论城市（如米兰、洛杉矶、墨西哥城、里约热内卢）人口增长对地理环境的利弊 2. 调查走访本地区的工厂，了解其在对环境污染治理方面采取的措施；调查本地区的大学，了解相应的供暖取暖措施的变化 3. 以“融化中的北极航海线”为主题开展一次针对全球气候变暖与人类活动相互作用的演讲活动

续表

《地理Ⅲ》	活动设计
一、区域地理环境与人类活动	1. 知识迁移（随意选择一个区域，分析区域自然人文特征） 2. 模拟一次高山、沙漠、热带雨林的旅行，分析讨论需要带的生活用品及衣物 3. 调查“NIKE”公司在国外投资建设加工厂的区域选择；调查中外合资车广受群众青睐的原因 4. 以法国为例，把学生分为六个组，即旅游线路组、景点推送组、注意事项组、购物攻略组、美食部落组、特色活动组，组内合作，汇报展示成果，成果展示形式为旅游攻略
二、区域可持续发展	1. 展开一次南水北调、西气东输、西电东送的调入区与调出区居民间对话 2. 调查你所在地区土地荒废或不合理利用情况，假如让你规划开发，你将如何做，为什么
三、地理信息技术应用	1. 调查如何利用GNSS、RS和GIS技术达到在地震或洪水灾害中解救生命的目的 2. 查阅资料，并以小组汇报的形式展示3S技术在生活中的应用及你可能预见的潜在使用价值

【技能训练】 组织一次地理课外实践活动。请每组选择一个活动主题，进行活动方案设计。评比较为优秀且完善的两组实施方案在班级内模拟实施，其他组员担任“学生”的角色。活动结束，在班级讨论实施过程中存在的优点和不足，并提出改善方案。

第三节　地理课外活动的组织与实施

地理课外活动的组织与实施是课外实践活动的关键一环，而教师作为课外实践活动的设计者和实施者，其自身专业程度和实践能力的高低直接影响着实践活动的实施效果。因此，必然要求其熟练掌握地理课外活动的组织与实施流程、设计原则、注意事项等基础知识。

地理课外活动的组织主要包括地理活动方案的制订和活动的组织实施。

一、活动方案制订

活动方案的设计具体包括活动目标设计，活动内容的选择，活动时间、地点、线路安排。

（一）活动目标设计

1. 知识目标设计

地理课外实践活动强调在实践中发现问题、分析问题和解决问题，重视体验式的学习过程，帮助学生加深对地理知识的认识。因此，地理课外实践活动同课堂教学一样需要首先确定知识目标，在教学过程中把握方向，有的放矢。

知识目标的设计要求以学生已有的知识水平为出发点，符合其现有的思维方式，具备可达性，防止过高和过低，影响实践效果。

2. 能力目标设计

新一轮课程改革方向为培养中学生必备的地理核心素养，强调教学要实现从“知识本位”向“发展本位”的转变，提出面向全体学生的课程理念，在发展学生基本能力的同时，注重创新精神和实践能力的培养。

教师要充分调动学生学习的积极性，发挥学生学习的主体地位，帮助学生养成独立思考、动手实践的学习习惯，体验探究式的学习过程。同时，教师也要充分发挥自身的主导地位，合理诱导，引发思考，鼓励学生参与实践活动的计划、实施、评价等全过程，从而在实践中培养学生自主学习、合作学习、探究学习的能力。

3. 情感教育目标

情感态度价值观目标是三级目标中的最高目标，有助于引导学生形成正确的价值观。乡土地理教学是校本课程开发的一种重要形式，有助于学生通过亲身体验形成地理兴趣、产生地理学习热情，在培养地理实践能力的基础上增强学生热爱祖国、热爱家乡的情感。

（二）活动内容的选择

1. 科学性与知识性

地理课外活动要具备科学性与知识性，主要表现为在活动的过程中，描述地理事物要严谨，论证地理原理要严密，引用的地理材料要确凿可靠，地理举例要精准，而不允许毫无依据的随意解释。

2. 可操作性

教师应该注意区分初、高中生的身心特点和思维方式，恰当地选择地理课外活动的组织方式和内容，从而使其创新精神和实践能力得以有效提升。例如，初中生思维较为直观具体，因此，可以布置一些观察、实验等实践活动；而高中生思维较为抽象，逻辑性强，则可布置课题性研究活动。

（三）活动时间、地点、线路安排

活动时间的选择要充分考虑实践内容对时间的特殊要求，避免时间的选择不当影响实践效果。活动地点和线路安排要求教师在充分考虑实践内容的基础上通过前期的实地考察，确保路线规划的合理性、安全性、全面性，尽可能在实践过程中实现多层次知识间的整合，培养学生多方面的能力，满足个性化需求。

二、活动的组织与实施

为确保活动的有效组织和实施，教师应当完成以下工作。

（一）活动前期培训

首先，在活动展开前，教师需帮助学生明确活动目标，实时调控，避免偏离实践方向，从而保证实践的有效性。

其次，对于活动中涉及的基本操作技能，如定向越野比赛中的读图、用图、析图技能等，教师要做针对性培训，从而保证学生的基本地理技能得以娴熟运用。

最后，教师应帮助学生提高应对突发事件的能力，掌握紧急避险和急救措施，从而保证学生的安全。

（二）人员组织模式

根据地理课外实践活动目标及内容选择恰当的人员组织模式。

1. 教师指导为主

新课程强调教学要以学生为主体，教师为主导；重视学生的自主学习、合作学习和探究学习能力的培养，鼓励学生发现问题、分析问题；教师给予适当指导，从而帮助学生解决问题，提高实践活动的高效性。

2. 专业人员指导为主

地理课外实践活动能否有效开展取决于多种因素，如教师、学校、高校、社会的配合，仅仅依靠一方的力量远远不够。此外，地理教师对地理知识多停留在教材及考纲范围，而地理课外实践活动要求教师对实践内容有更深层次、更专业的研究。因此，通过提高教师的专业修养、聘请相关专业技术人员对学生做针对性培训和专业指导、与高校建立友好合作关系等均有利于实践活动目标的有效达成。

3. 小组独立活动

小组活动通常为 5 人一组，组内成员在教师给出的课题中，商讨选择课题。教师针对课题研究给出相应的资料，教会学生探究性学习的方法，小组长负责规划课题探究活动的具体实施步骤，组内成员总结汇报课外实践活动成果。组内、组间互相学习，有助于实践活动有序开展。

案例 9-3：“观察天津正午太阳高度角的变化”的活动方案。

1. 活动目标

（1）通过观察、测量、记录某物体正午影子长短，探究正午太阳高度角的变化规律。

（2）培养学生的动手操作能力和地理实践技能，体验科研过程，培养探究精神。

2. 活动准备

卷尺、手表、晾衣竿、纸笔、制作好的表格、铁钉或粉笔、相机。

3. 活动内容

（1）连续三周观察记录正午时晾衣竿影长。

（2）根据测量结果分析正午太阳高度角变化规律。

（3）用已学的知识解释该变化规律。

4. 活动形式

分为 6 个小组，每组 6~7 人，分工负责观察、记录，恰当地选取观察时间。

5. 小组汇报和评价

小组制作 PPT，展示探究过程（包括活动图片、数据展示、数据分析、规律总结和现象分析解释）。

注意：（1）每周选取两天，根据天气预报选择晴天记录。
（2）地方时问题带来观测时间的差异，确定天津的正午时刻手表时间。
（3）恰当地选择观测地点（无障碍物，视觉效果好的地点）。

该活动模式属于动手操作中的观测活动，该实践活动有助于学生巩固高中地理“地球的运动及太阳高度变化”相关知识，有助于学生结合数学知识解决地理问题。

参与点评

案例 9-3 活动方案的成功之处是什么？存在哪些不足？有何建议？

【名师点评】

（1）前期准备较为充分。该教师分组合理，观测用具准备齐全，基于该实验的特点对观察的时间和地点做出明确的要求。

（2）细化过程。案例中给出活动要点，教师对实验过程中可能出现的未知情况做出预测并细化过程，从而保证了观察的顺利进行。

（3）符合新课改的要求，体现学生主体性。该案例中教师重视学生的主体地位，给出学生更多的思考空间，有助于培养学生的创新精神和实践能力。

（4）内化研究过程。通过观察、实验等活动发现现象，总结规律，分析原因，解决问题，得出结论，验证结论，该活动充分体现了研究过程的科学性，培养了学生发现问题、分析问题、解决问题的能力。

该案例不足之处：

（1）学生思维量较小。考虑高中生的特点，教师在教学过程中要适当留白，从而为学生创造更多的思考空间。例如，针对测太阳高度角的变化过程，可将设计实验的任务交给学生，而教师仅起引导的作用（学生才是学习的主体）。

（2）缺少必要的培训。地理实践活动区别于地理课堂，它更注重学生地理实践技能的掌握，而不同的实践活动模式对地理实践技能的要求也不尽相同。因此，开展必要的地理技能培训是一项重要的准备工作，有助于活动的有效开展。

三、组织实施地理课外实践活动的原则

（一）科学性与知识性原则

活动主题及活动内容的选择要科学，有实践价值，符合不同学段学生特有的身心发展规律。同时，课外活动要同教材和课标紧密结合，避免过于形式化，偏离教学目标。

（二）可操作性原则

活动方案的设计是用来指导活动实践的，因此，活动计划内容的安排要具备可行性，如满足学生的认知水平、清晰可行的操作步骤、活动工具较易获取、活动具备可选择性、满足学生的个性化需求。

（三）主体性原则

地理实践活动强调学生动手去做，在做中提高地理能力，在做中得到生活的经验和情感的体验。新课程强调，学生是学习的主体，教师是主导。在课外实践过程中，教师要大胆放手，针对个别问题做针对性指导，针对共性问题做集中指导。地理课外实践活动同课堂教学最大的区别在于学生的主体作用体现得更为明显，创新精神、个性化品质、主观能动性、地理实践力素养得以充分体现，是教师进一步深化对学生了解的重要途径。

（四）开放性原则

开放性体现在多个角度，如课外活动目标、类型、内容、过程、方法、评价等。活动目标除知识和技能外，要更加重视学生地理学科素养的培养，即地理实践力、人地协调、区域认知和综合思维。活动类型要多样，避免局限于教材和课标的要求；活动内容的取材要关注发展中的地理、乡土素材、校本素材，提升学生运用地理知识解决生活问题的能力；活动实施过程要开放，为学生提供充足的空间，教师适时指导；活动方法可自由选择，教师仅提供基础的材料，只要达成活动目标并得到验证的方法均可；活动评价方式、评价主体、评价角度要多样化，避免做出终结性评价。

【技能训练】 基于课堂讨论及地理课外活动评估表，每组设计一份完整的地理课外活动方案（具体可参照案例 9-4 来设计），其他组进行分析点评。

案例 9-4：天气状况和下垫面状况对气温的影响。

1. 活动目标

（1）通过晴天和阴天的最高气温与最低气温的比较掌握大气的受热过程。

（2）通过对比不同下垫面（水泥路面和草地）同一时间的温度差异，掌握下垫面状况对气温的影响。

（3）通过组内合作提升学生的地理实践力素养和操作技能。

2. 活动内容

使用以下表格测定两项内容。

（1）同一地点（草地），不同日期的温湿度状况。

（2）同一日期，不同地点（草地和无遮挡的水泥地）的温湿度状况。

天津市微山路中学校园温湿状况统计

记录人：　　　　　　　　　　日期：　　　　地点：

观测时间（北京时间）	温度	湿度	天气状况
7：00			
12：20			
14：00			
17：40			
20：30			

3. 活动用具

温度计、湿度计、手表、笔纸、打印好的表格每组 4 张。

4. 活动形式

活动分为 6 个小组，每组 6~7 人，其中，组内分工测量记录草地不同日期（10 月 18 日和 10 月 19 日）的温湿度状况和 10 月 19 日草地、旗下的石灰地的温湿度状况，组长负责，分工协作。确定观测员、记录员，项目落实到人。

5. 收集数据、发现问题、分析问题

从获取的数据中两两对比，提出质疑，并尝试解释。

6. 成果处理与评定

分组展示组内测量结果、发现的问题、对该问题的解释。根据组内活动的整体表现组间互评，评出优秀活动小组。

四、设计地理课外实践活动时需要注意的问题

（1）课外活动的主题来源广泛，可从课程标准中的活动建议、教材中的活动类课文和身边的生产生活实际来选取，如房价影响因素、城乡规划方案、地铁修建对城市的影响、乡土地理等。

（2）活动方案的设计讲究科学性、全面性，教师要强调“有所为有所不为”，为学生创造更大的思维空间。

（3）活动方案的实施在计划的基础上讲究灵活性，遇到问题不回避问题，而是把它作为新的发现去探究，尊重事实，尊重科学。

（4）活动方案的评价采用过程性评价和终结性评价相结合的方法，关注过程，肯定学生的努力和进步，从而为下一次的活动创造条件。

【展示与评价】

（1）展示各组设计的活动方案。

（2）各组依据地理课外活动评估表对其他组的地理课外活动方案进行评价（表9-2）。

表 9-2　地理课外活动评估表

项目	评价内容	权重	优	良	中	差
			90~100 分	80~89 分	60~79 分	<60 分
1	活动计划的完整性	0.30				
2	活动计划的可操作性	0.20				
3	活动目标达成度	0.10				
4	活动形式新颖性	0.10				
5	互动组织的有效性	0.10				
6	增强地理学习兴趣和地理实践能力	0.20				
得分						

【唤起关注】

地理课外活动组织技能是新课程、新理念对教师的新要求，其重要性日益突显。如果说课堂教学是学生获取知识的主阵地，那课外活动则是应用知识、检验知识达成度的练兵场。

【收获与感悟】

通过本章的学习与训练，我的收获与感悟：

第十章　地理课堂调控技能

课堂是教师向学生传授知识、培养技能、形成素养的重要场所，课堂教学是一个循序渐进的，有条理、有节奏的师生之间知识传递、心灵对话和情感交流的过程。课堂教学效率的高低主要取决于教师通过一定的教学方法，充分利用教学条件，有效把握和调节学生的学习，让学生处于最佳的学习状态。因此，一名优秀的教师必须具备驾驭课堂教学的能力，善于运用科学有效的方法进行课堂调控，实现最佳的课堂教学效果。

【训练目标】

（1）理解地理课堂调控的概念和主要作用。

（2）了解地理课堂调控的主要类型。

（3）明晰地理课堂调控应遵循的基本原则。

（4）掌握地理课堂调控的主要方法。

（5）认识地理课堂调控对地理教师的要求。

第一节　地理课堂调控概述

如果说课堂教学中的预设和生成是一种动态的、双向的交流与研究，那么，课堂调控更多强调的是教师的“教”。一位成熟的教师，在课堂教学过程中能够根据学生的表现和状况，熟练地进行课堂调控，促进课堂教学实现预期目标，这是成熟教师与新任教师的明显区别之一。

一、课堂调控的概念

课堂是在特定的时空条件下，师生以课程为中介相互作用而形成的特殊人际心理环境。课堂作为教学活动的主要形式和一种特殊的学习环境，要求在开展师生交流活动中，通过教学、管理和调控达到平衡状态。课堂教学的有效性，不仅取决于课堂教学本身，还取决于教学管理。为保证课堂教学活动的有效开展，保证教师的讲课节奏与学生的思维活动相统一，教师要对构成课堂教学的各种基本要素进行协调和控制，这就是课堂调控。“协调”“控制”课堂的目的是保持课堂教学的动态平衡，维持学生的学习热情，构建合理的课堂生态，营造轻松、和谐的教学环境，充分发挥教师和学生在课堂教学中的积极性和主动性，使课堂跌宕起伏，张弛有度，实现高效课堂。

学习卡片：

叶澜教授说："课堂应是向未知方向挺进的旅程，随时都有可能发现意外的通道和美丽的图景，而不是一切都必须遵循固定线路而没有激情的旅程。"课堂教学不是预设教案的机械执行，而是课堂上重新生成、不断组织的过程，是人性不断张扬、发展和提升的过程。课堂上，当教学与预期制订的教学目标存在差异时，教师就要根据学生反馈的信息，及时采取针对性的措施，调整自己的教学行为，改变学生的学习行为，以实现教学目标，完成教学任务。及时有效的课堂调控，让课堂出现张弛有致、意趣盎然的教学格局，让课堂教学过程呈现预定、有序、最佳的态势，是现代教学的显著特点之一。

案例 10-1：人教版《地理（七年级上册）》第一章"地球和地图"第四节"地形图的判读"的教学设计（节选）。

教学环节二：实验探究——绘制等高线地形图。

[绘制与发现]

步骤：(1) 从下到上分层取下山体模型放在白纸上，注意用刻刀在山体一侧做一小标记，然后用笔在白纸上分别沿山体边缘描线（注意各层上的小标记方向保持一致）。这样得到的一条条曲线就是等高线。

(2) 在每条等高线上，分别标注出相应的海拔（山体起点海拔为 100 米，等高距为 100 米），由此得到了一张简单的等高线地形图。

(3) 模型恢复。在等高线地形图上对照地形模型逐一识别山峰、山脊、山谷等不同地形部位，归纳出不同山体部位等高线的特征。

问题引领：观察自己绘制的等高线地形图，说明什么是等高线？什么是等高线地形图？观察等高线地形图上的曲线，说明等高线是如何排列的？为什么？在绘制的等高线地形图上，分别找出山峰、山脊、山谷、鞍部、陡崖等山体不同部位，根据等高线的弯曲特点，判别等高线地形图上的各种山体部位。

学生活动：学生自绘等高线地形图，小组同学经过讨论，归纳山体不同部位的等高线特点，班内交流等高线地形图判读方法。

[归纳总结，完善地理活动记录卡]

绘制发现：等高线就是把海拔相同点连接的线；等高线地形图是用等高线表示地面高低起伏的地图。

探究发现：山地是等高线闭合，且数值由中心向四周降低；山脊是等高线弯曲，并由高处向低处凸出；山谷是等高线弯曲，并由低处向高处凸出；鞍部是两山顶之间低地；陡崖是等高线重叠在一起，成为一条曲线。

[小试牛刀]

教师组织学生抢答：图 10-1 等高线地形图中的序号所表示的山体部位。

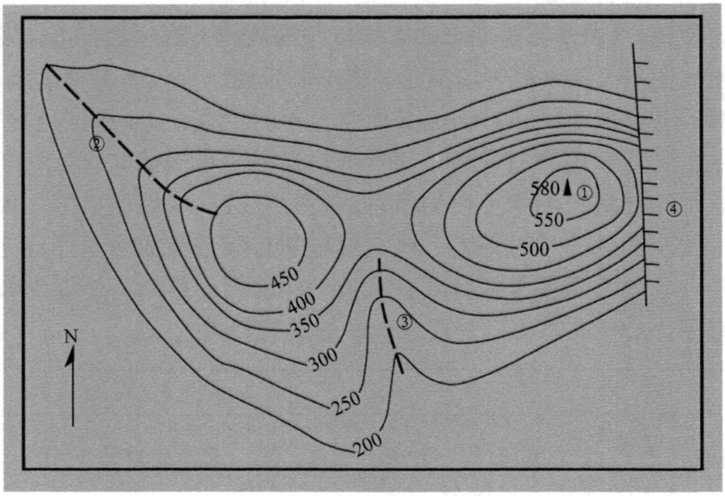

图 10-1　等高线地形图示例

【思考与讨论】案例 10-1 中，教师在完成哪些教学任务时，必须对课堂进行调控？如果教师忽视课堂调控，本节课可能会出现怎样的状况？

二、课堂调控的作用

课堂调控的作用主要表现在以下几个方面。

（一）融洽师生关系

有经验的教师善于利用各种方式和手段，及时地进行自我调控和学生调控，用教师良好的精神风貌去影响学生、感染学生，消除师生距离，增进师生友谊，融洽师生关系。

（二）激发学习兴趣

课堂教学中，有经验的教师会根据地理课程的特点，结合学生的心理状况和知识基础，通过教学调控，点燃学生的学习热情；缺乏经验的教师往往不善于进行课堂调控，不能有效地激发学生的学习兴趣，地理课程得不到学生的重视，往往出现课堂混乱、教学失败的局面。

（三）完善教学方法

教学方法是教师和学生为完成教学任务所采用的教与学的行为。教学方法因教学内容而异，因学生状况而异。教学中，教师可借助课堂调控，及时调整教学方法，通过自我调控完善“教”的方法，通过调控指导学生完善“学”的方法，促进教与学的方法相互影响，相得益彰。

（四）提高教学质量

课堂调控的过程，就是教师不断消除课堂上各种消极因素，调动教师和学生积极因素的过程，使教学活动始终处于最佳状态，不断提高教学质量。

随着课程改革的不断深入，课堂教学将面临许多问题，地理教师必须抓住课堂这一主阵地，通过课堂调控，增强教师“教”与学生“学”，引导学生学会知识，形成思维，提高能力。如果把一节课比作生产产品，那么，每节课都是师生共同制作的一次性产品。课堂教学因其共同性，不可预作；因时间限制，不可重复；因其一次性，不可修改。教学中，教师进行课堂调控是十分必要的。

第二节　地理课堂调控的原则

案例 10-2：湘教版《地理（七年级下册）》第八章“认识国家”第七节“澳大利亚”教学过程（节选）如表 10-1 所示。

表 10-1　“澳大利亚”教学过程

<table>
<tr><th colspan="2">教学环节</th><th>教学过程</th><th>学生活动</th></tr>
<tr><td colspan="2">导入新课</td><td>【故事导入】早在公元 2 世纪，古希腊地理学家托勒密预言在赤道与南极之间存在一块“南方大陆”</td><td>观察只有亚洲、欧洲、美洲和非洲的世界地图，在南半球设置一个大问号，这里有没有一块“南方的大陆”呢</td></tr>
<tr><td rowspan="4">学习新课</td><td rowspan="4">寻找“南方大陆”</td><td>【情境创设】1770 年，英国船长詹姆斯·库克发现“南方大陆”，将其命名为“澳大利亚”。库克船长的惊异：这是一块拥有许多独特动物的大陆
【教学录像】澳大利亚的独特动物</td><td>讲讲袋鼠、鸭嘴兽、树袋熊、鸸鹋的独特之处，试分析为什么这里有独特而古老的动物</td></tr>
<tr><td>这块神奇的“南方大陆”除了有许多特别的古老动物之外，还分布着广阔的草原、美丽的海岸，当地土著人（棕色人种）在这块土地上创造了灿烂的文明</td><td>欣赏澳大利亚海岸、草原、艾尔斯巨石和土著人的图片</td></tr>
<tr><td>展示有澳大利亚大陆的世界地图和经纬网辅助线</td><td>如果你是库克船长，会如何向英国王室汇报澳大利亚的位置？（可从经纬度位置、半球位置、海陆位置及与英国的相对位置等多角度回答）</td></tr>
<tr><td colspan="2">【即时小结】库克船长的第一封信：位置。
尊敬的女王陛下：
我们一行人克服了种种困难，经过数月的征途，三次远渡重洋，终于不负众望找到了“南方大陆”——澳大利亚大陆。
澳大利亚大陆位于_____半球，纬度大约在南纬______和______之间，被_______洋和_______洋所环绕。
在这个神奇的大陆上，我们发现了许多奇怪而古老的动物，如________、________、________等。此外，这里还居住着一些土著居民，他们对我们特别热情和友好。
真诚期盼您的回复！
James　Cook</td></tr>
</table>

【思考与讨论】 阅读案例 10-2，教师应在哪些教学内容和教学环节进行课堂调控？本课的教学调控主要有哪些类型？

一、课堂调控的主要类型

（一）兴趣调控

爱因斯坦说："兴趣是最好的老师"。学习兴趣是一个人认识世界、渴望获得文化知识的意向活动，一个人只有对所学知识产生浓厚的兴趣，才能激发强大的学习积极性。为培养学生的学习兴趣，教师可以运用多媒体，增强教学的趣味性，使学生的情感得到升华；可以引导学生动手实践，调动学生的多种感官，帮助学生由具体形象思维上升到抽象逻辑思维，诱发学生的求知欲望；可以组织开展课堂竞赛，利用学生喜爱自我表现的特点，唤起学习知识的潜意识，体验成功的喜悦。

（二）语言调控

教学效果在很大程度上取决于教师的教学语言，恰当地运用课堂语言，能让课堂充满生机，焕发出人文气息。教学中，教师运用倾注感情和充满魅力的语言，进行生动形象的描述和清晰准确的表达，可让学生"如临其境，如闻其声，如见其人"，让学生在愉快、轻松的心理状态下学习。

（三）组织调控

组织教学是课堂教学的重要环节。课堂上，教师既要注意有形问题，如个别学生上课捣乱、做小动作、学生纠纷、师生冲突等；也要注意无形问题，如某些学生思想开小差、胡思乱想等。这些现象可给教学造成明显的消极影响，教师必须及时进行调控，使课堂教学既生动活泼，又秩序井然。课堂组织调控以有利于学生成长和发展作为总原则，面向全体学生。组织调控常用的方法有：冷处理、提问、用活动吸引学生注意力、幽默化解等。

（四）反馈调控

课堂教学中，教师要善于及时捕捉学生听课的情绪状态、神态变化等信息，透过学生的眼神和表情了解他们的学习状况，透过他们灵活跳跃的思想火花，推测和判断他们对讲授内容是否理解、满意，是否有兴趣，是否有疑问，从而调整教学策略，将教学引向深入。

二、课堂调控遵循的原则

课堂调控要为学生发展服务，为课堂生成服务；要尊重学生的主体地位，重视方法和时机的把握。课堂调控是自然而然的，不是生硬的；把握和调节学生的学习，是要保护学生学习的积极性，让学生处于最佳的学习状态。

（一）教学过程与学习目标相统一的原则

教学目标是课堂教学的出发点和归宿，也是教师与学生进行教学活动的依据。

教师在备课时，地理课程标准、教材内容制订的教学三维目标，必须在教学实施过程中得以实现。因此，教学目标对课堂调控具有制约作用和导向作用，教学调控要始终围绕教学目标，并服务于教学目标。课堂调控是教学（包括教学内容、课堂组织、教师提问、学生活动、反思评价等活动）实现教学目标的保证；教学目标的实现，是课堂调控是否进行的重要依据。

（二）教师主导与学生主体相平衡的原则

发挥教师的主导作用，主要体现在教师引导学生积极主动地学习，教会学生学习方法，培养学生的学科思维能力。确立学生的主体地位，主要是尊重学生的情感和需要，发挥学生学习的积极性和学习潜能，促进学生全面发展。课堂调控既要发挥教师的主导作用，又要重视学生的自我调控作用，切实发挥教师主导与学生主体的作用。

案例 10-3：人教版《地理（八年级上册）》第三章“中国的自然资源”第一节“自然资源的基本特征”教学过程（节选）

自然资源的概念

[引入]

播放一段关于对某区域或中国自然资源的描述性介绍的视频，如中国地大物博等，要出现“自然资源”一词。教师提出下列三个问题，供学生思考和讨论。

（1）你对“自然资源”一词是怎么理解的？

（2）以下地理事物，雨水、桌子、腊肉……哪些是自然资源？

（3）以其他地理事物为例，说出它是不是自然资源？

[讲授新课]

师：请大家看一下身边的事物，哪些是自然资源？哪些不是自然资源？（只凭原有的认识和直观感受判断，不说理由）

生 1：教室里的桌子。

生 2：呼吸的空气。

……

师：说出上述事物中，是自然资源或不是自然资源的理由。

师：你能否从上面的判断中归纳出“自然资源”这一概念的主要限制条件？

师：你能否用完整的语言说出什么是自然资源？

学生讨论后回答，教师点评。

教师组织学生通过分组竞赛加强练习巩固。

师：判断下列哪些事物是自然资源，哪些不是自然资源并说明理由。

生 1：奶牛梦工厂的奶牛。

生 2：石门加油站昨天仅剩的一吨柴油。

……

【思考与讨论】 案例 10-3 中，教师是如何发挥自己主导作用的？教师又是如何发挥学生主体作用的？教师的主导作用和学生的主体作用是如何实现统一的？

（三）知识传授与激发兴趣相结合的原则

地理是一门兼跨自然与人文两大学科的课程，地理学科能力、地理核心素养和地理思维品质，是以地理知识为基础，在教学过程中逐渐培养起来的。传授知识，培养能力，是地理课堂教学的基本任务。而兴趣作为一种特殊的意识倾向，是学习的情感动力，是求知欲的源泉。培养学生学习地理的兴趣，是地理教学中不可忽视的方面，能否激发学生学习兴趣，是地理教学是否成功的决定性因素。教学中，教师要根据教学目标的完成情况，学生地理学习的精神状态，适时进行课堂调控，让学生掌握必备的地理知识，在“乐中学”，在“学中乐”。

（四）激励性和约束性相补充的原则

从心理学角度看，中学生的心智尚未完全成熟，自尊心较强，教师稍有不慎，就会伤害其自尊心，打击其积极性。因此，教师要以鼓励为主，保护学生的自尊心，关注其学习的积极性，树立其自信。然而，教师在鼓励学生的同时，也要规范和约束学生在课堂上表现出来的某些与教学无关、与课堂气氛不协调的语言和行为，避免课堂处于散乱、随意的状态。

（五）课时计划与课中变化相补充的原则

课堂教学的实施过程，是师生在互动中不断生成知识、促进思维、形成素养的过程。尽管教师在课前做好了教学设计等准备工作，但在实际教学进行中，教学策略选用、学生情感体验、师生活动反思等，很可能与课前预设的不尽相符。当实际教学与课前预设不一致时，教师应及时调整教学策略。此外，教学中难免出现某些变化或突发事件，通过课堂调控，教师能够迅速处理这些变化或突发事件，实现预期教学目标。

【课后训练】

（1）在你学习过程中（包括小学、中学和大学），课堂上出现过突发事件吗？你的老师是如何处理的？

（2）列举你知道的教师在教学中进行课堂调控的实例，体会教师课堂调控的经验。

第三节　地理课堂调控艺术

教学是一个由教师、学生和教学环境等组成的系统。从教学组成要素角度看，课堂调控主要包括教师自控、调控学生和调控教学三个方面。

一、教师自控

教师自控要求教师具有较强的自我控制能力、自我反省意识，还要求教师善于控制自己的情绪和心态。因为教师的情绪、情感具有一定的感染性，直接影响着学生的情绪，是影响学生注意力最敏感的因素。如果教师板着脸孔，学生就会望而生畏，敬而远之；如果教师态度凶狠，学生就会胆怯紧张，焦虑不安；如果教师无精打采、有气无力，学生就会情绪低落，心不在焉，甚至睡意蒙眬。所以，教师要努力将自己的情绪调整到最佳状态，始终以饱满的热情投入教学，以积极、乐观、激昂的情绪影响学生。

二、调控学生

教学中，教师不仅要熟知教学内容，善于运用科学有效的方法向学生传授信息，还要熟知学生的知识基础、心理状况、求知欲望的强烈程度，以及学习兴趣和接受能力等，实现因材施教，让全体学生受益。课堂教学既是信息传输、反馈的过程，也是师生情感交流的过程，因此用情绪感染、语言激励、活动参与等方式，调控学生的情绪，激发学生产生丰富的情绪和情感体验，是教师课堂教学的重要任务。

案例 10-4：人教版《地理（八年级上册）》第四章“中国的经济发展”第二节“农业”部分教学过程

教学环节	教师活动	学生活动
猜测与推理——我国农业分布西部与东部的差异	引导学生阅读图文信息（图 10-2）。 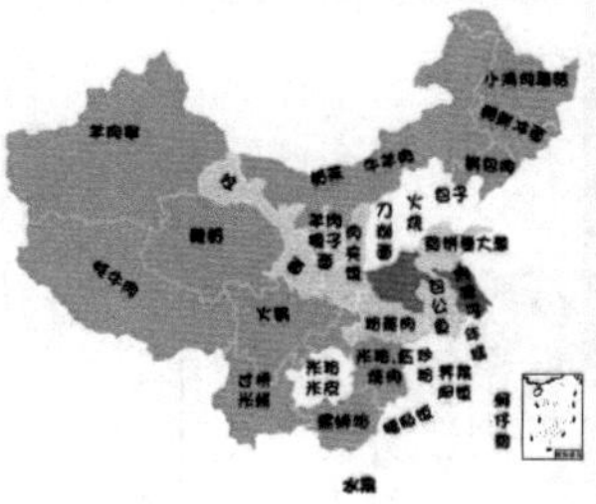 材料：气候对农业有重要影响，一般在热量充足、降水量较丰富的地区有利于耕作，发展种植业；在降水较少地区，牧草生长良好，适宜发展畜牧业。 图 10-2　中国各地区饮食特色 根据图文，推测我国畜牧业和种植业的主要分布区域，尝试在图中画出它们大致的界线并说出理由（图 10-3）。 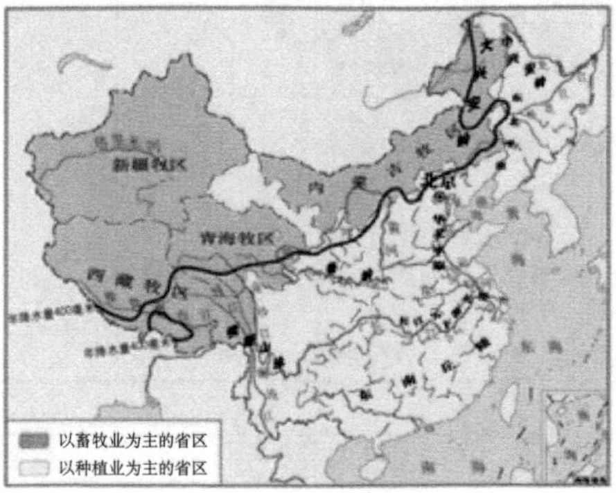 图 10-3　中国主要的畜牧业区和种植业区	（1）分析图中食物的原料，按农业生产部门分类。 （2）由各地特色食物分布推测我国畜牧业和种植业主要分布地区。 （3）尝试画出畜牧业与种植业分布的界线。

续表

<table>
<tr><th>教学环节</th><th>教师活动</th><th>学生活动</th></tr>
<tr><td>猜测与推理——我国农业分布西部与东部的差异</td><td>结论：畜牧业主要分布在西部，种植业主要分布在东部，基本上以 400 毫米等降水量线为界。
透明胶片叠加一：我国种植业与畜牧业分布区域图与降水量分布图，展示畜牧业与种植业分布和降水的关系。
图示我国四大牧区范围及景观图。</td><td>读图找出我国四大牧区。</td></tr>
<tr><td>活动探究——我国农业分布南方与北方的差异</td><td>展示南方与北方不同的主食图片，总结北方以面食为主，南方以米食为主（图 10-4）。
给出材料布置任务，探究南方与北方农业分布的差异（图 10-5）。

图 10-4　南方与北方作物差异
总结南方与北方农业分布的差异。
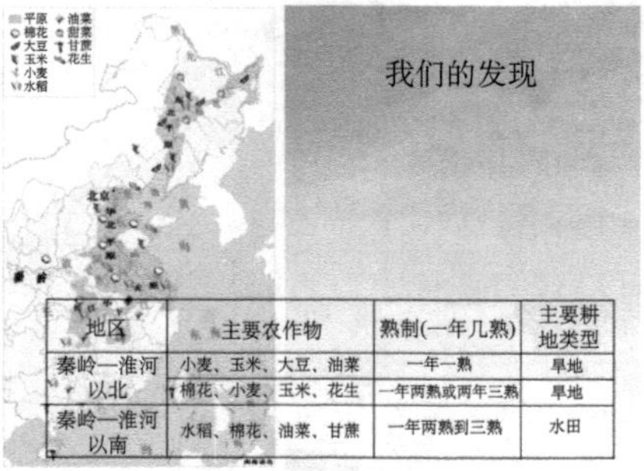

图 10-5　南北方农业差异
透明胶片叠加二：水稻与小麦分布图与我国 1 月 0℃等温线及 800 毫米年等降水量线分别叠加，展示水稻与小麦分布与气温、降水的关系。
据图讲解：我国林业、渔业主要分布地区。</td><td>分析资料，利用透明胶片叠加方法进行小组探究活动：①找出小麦和水稻主要分布地区；②归纳小麦和水稻的分布特点；③分析造成我国小麦和水稻分布特点的主要原因。
总结南北方农业分布的差异。
读图填表归纳总结，得出结论，我国水稻、小麦种植区域大致以秦岭-淮河一线为界。</td></tr>
</table>

【思考与讨论】 教师在课堂中为什么要调控学生？案例 10-4 中，教师是怎样调控学生的？

课堂教学是师生相互传输信息、互动反馈的过程，教师应善于对学生注意力进行调控，尽量让学生注意力保持较长时间集中，因为良好的注意力是进行认知活动的基础。课堂上，如果教学强度过小，容易造成学生注意力不集中，课堂秩序混乱；如果强度过大，又容易导致学生过度疲劳，注意力涣散，教学气氛凝重。因此，为保证学生课堂上注意力的集中，教师要有意识地调控教学强度。

根据学生的身心特征，教师进行课堂调控，一般采用以下方法。

（一）暗示法

暗示是利用一些非语言性的动作、表情、行为手段向他人传递某种信息，达到一定目的和效果。教师的眼神和面部表情的变化，都具有良好的暗示功能，起到调控学生的作用。

眼睛暗示。眼睛是心灵的窗户。教师要善于用眼睛表达情感，因为教师与学生的目光接触，可以表达教师对学生的暗示、警告、提示和制止，也可以表达期待、欣赏、鼓励、探询、疑惑等情感，让学生领会并修正自己的行为。

行为暗示（动作暗示）。教师适当的动作比语言更省时间。课堂上，教师可以边讲课边走近精神不集中的学生，可以用手或书本轻轻地敲打课桌或者抚摸违纪学生的头，在悄无声息中提示学生，这有助于保护学生的自尊心，避免学生出现抵触情绪。

（二）停顿法

上课时，教师可以暂时停顿下来，一言不发，然后用简短的语言向学生强调学习的意义，强调教学内容的重要性，然后完成教学任务。适当的停顿能够有效地提醒学生，产生明显的“刺激对比效应”，保证课堂教学顺利进行。

（三）强化或淡化法

课堂教学中的信息丰富且复杂，有用信息和无效信息同时存在。教师通过课堂调控，可以增强、放大有用信息，削弱、同化无效信息。例如，在小组讨论活动时，每个学生的状态是不一样的，教师应有意识地鼓励那些认真思考、积极发言的学生，淡化精神怠慢、随便发言的学生，通过强化、淡化的方法，有效地调控课堂。

（四）适时点拨法

课堂有时会处于“沸腾”或“混乱”的状态。此时，教师要及时调整教学基调，运用教学点拨艺术，使学生的思维回归课堂、回归教学，保持学生思维的紧张度和严密性，使课堂宽松而不涣散，严谨而不紧张。

（五）变声法

教学中，教师可运用心理学中无意注意原理，通过变化自己的语调、音量、节奏和速度，引发或调整学生的注意。例如，课堂上，教师突然提高或者降低自己讲课的声音，加快或放慢讲课的速度，都可以起到加强注意和突出重点的作用，引起学生的注意。

此外，提问法、冷却法、变换活动方式法、装糊涂法、心理换位法等，也都是调控学生的行之有效的方法。教师驾驭课堂有很多种方法，但要因师而异，因生而异。课堂调控的方法不是单一的，有时需要几种方法同时使用。

【技能训练】与同学合作完成下面两个活动。

（1）案例分析：阅读案例 10-5，思考张老师是如何通过调控学生来实现课堂调控的？他主要运用了哪种调控方法？

> 案例 10-5：上课铃响过，张老师走进教室，发现一学生正在擦黑板，粉尘弥漫，大部分学生还在聊天，个别学生仍在追逐打闹，大声喧哗。这位老师正要训斥学生，忽然想到这节课要讲环境保护，便借题发挥，幽默地说："同学们请看，这里粉尘飘飘洒洒如瑞雪，教室吵吵嚷嚷像闹市"。学生们都默不作声，面面相觑。该教师若无其事地继续说："在这种环境中学习能行吗？"学生答道："不行！""那么，怎样保护好我们的环境呢？今天，我们就来学习环境的保护。"这样，乱哄哄的教室成为教师借题发挥导入新课的话题，既教育了学生，维护了教学秩序，又激发了学生的求知欲望。

（2）思考并填表：根据下列课堂现象，选择合适的学生调控方法，并写出理由。课堂教学中还有哪些现象需要教师进行及时调控？教师如何进行调控？

课堂现象	应采用的主要调控方法，并说明理由
（1）一成绩较好的学生，某天上课与附近同学交头接耳说话。	
（2）坐在教师后面的学生，经常做小动作。	
（3）教师组织学生进行小组讨论时，某些学生出现争论，个别学生显得不耐烦。	
（4）学生们就某个问题争论不休，互不相让，个别学生发言"跑题"。	
（5）一学生课堂上昏昏欲睡，注意力不集中。	
（6）……	

三、调控教学

（一）调控教学内容

课堂中教师讲述的内容既有学生已知的，也有学生未知的，应根据地理课程标准和学情，确定教什么，教多少。对于学生自学能够学会的知识，要尽量少讲或不讲；对于教师稍加点拨就能掌握的内容，可轻描淡写，一带而过；对于重难点和学生疑问点，应浓墨重彩，讲深讲透。总之，应根据学生的学习情况，对教学内容随时进行调控。

（二）调控师生活动

教学中，要善于观察师生之间的信息交流情况，及时调整师生之间的信息传递，实现教学信息双向或多向的流通。还要及时捕捉学生的听课情绪、神态等状况，准确判断学生对讲授的知识是否理解满意，是否有兴趣，是否有疑问，通过及时调整教学策略，将教学引向深入。

（三）调控内容密度

课堂上，教师要控制好教学内容的密度。知识密度过小，学生学习活动频率较低，思维活动缓慢，学习效率较低；而知识密度过大，学生思维活动频率太高，容易造成学生负担过重，影响掌握知识的质量。因此，教学要设置合理的内容密度：一是要适当增加教学信息，增大学生思维容量，不断开发和培养学生的智能；二是要留出适当思维空间，给学生提供自主学习机会，培养学生的深度学习能力。

（四）调控教学速度

教育心理学认为，讲课速度过快，容易使学生思维受阻，导致“消化不良”；但速度过慢，容易使学生思维松弛，注意力分散。课堂上，教师应根据教学内容和教学要求，调控教学速度。对于一般知识，思维活动量较小，教学速度可稍快些；对于重要知识和关键问题，思维活动量较大，教学速度要适当慢一些。

（五）调控教学时间

教师是教学时间的分配者，不是教学时间的占有者。教师应科学地分配与调控教学时间，给学生留出更多的自主感悟与探究时间，强化教学流程与课堂时间的关系，提高课堂教学效率。要树立把时间分配给学生的意识，兼顾不同层次的学生，通过对课堂时间的有效调控，力求让每个学生科学地利用好教学时间。

（六）调控教学方法

课堂教学方法调控的水平高低，是一节课成败的关键。心理学研究表明：生动、新颖的教学方法，不仅吸引学生的注意力，还能激发其学习兴趣；教学方法不断变化与更新，可激发学生探究知识的积极性，增强学生的求知欲望。

【课后训练】

（1）选择一所学校（初中或高中），了解地理教师课前备课和实际上课的情况。仔细阅读地理教师的课前教学设计，跟随该教师听课。认真观察该教师的上课过程和课堂调控，思考课堂调控的必要性和作用。

（2）走访上届参加过教育实习的学长，请他们分享在实习中遇到的课堂突发事件，当时是怎样应对的？效果如何？对我们有什么建议？

【展示评价】

（1）总结你观察到的在职教师进行课堂调控的成功经验和采访学长的收获，全班交流，形成“课堂调控经验汇编”。

（2）结合自己对地理课堂调控的认识和体会，收集在职教师在课堂调控方面的经验和做法，撰写一篇小论文。

（3）结合自己对教师、教育教学的理解，谈谈一名教师如何才能把控课堂教学，灵活有效地进行课堂调控。课堂调控技能评价如表 10-2 所示。

表 10-2　课堂调控技能评价表

项目	评价内容	权重	优	良	中	差
			90~100 分	80~89 分	60~79 分	< 60 分
1	教学内容注意了质和量的统一	0.10				
2	教学方法注意了创新精神培养	0.20				
3	时间安排注意了教学速度和思想流量的匹配	0.10				
4	教师角色注意了情绪、内容与语言之间的协调	0.10				
5	教学过程注意到育人与内容科学的相互照应，方法引导得当	0.15				
6	能及时对学生进行组织引导	0.10				
7	应变能力强，能因势利导	0.15				
8	处理学生问题服从教学大局，沉着有序	0.10				
得分						

【唤起关注】

现代教育要求每一位教师都应具备高超的课堂调控能力。教师要不断提高对课堂的敏锐感知能力，在出现“意外”时沉着“接招”、瞬间决策，让课堂展现出诗意般的精彩。只有这样，教师才能运筹帷幄，驾驭课堂，把每一节课都变成魅力无穷、充满趣味的优质课。教师的施教活动不仅是一种技术，更是一种艺术，每一位教师都要力争使自己由教书匠变为艺术家。

【收获与感悟】

通过本章的学习与训练，我的收获与感悟：

第十一章　地理课堂结课技能

一堂生动活泼的地理课需要完美的教学艺术，这就好比一场精彩的音乐会，既要有引人入胜的序曲，高潮迭起的主旋律，也要有余音绕梁的终曲。同新课导入一样，结课是地理教学必不可少的环节，能否巧妙地把握结课环节也体现出一名地理教师的教学水平。

我国古代文人常用“凤头”“猪肚”“豹尾”来比喻文章，一堂好课也应如此。教师只有处理好结课环节，一堂课的教学活动才算圆满完成，甚至能够弥补课堂中的不足，达到事半功倍的效果。

【训练目标】

（1）了解地理课堂结课环节的重要作用。

（2）通过训练，掌握地理课堂常用的结课方式。

（3）能根据课堂教学目标和具体教学内容熟练运用恰当的结课方式。

第一节　地理课堂结课技能概述

地理教学设计是一门艺术，涉及教学过程的每个环节，包括下课铃声响起之前教师对本节课进行的小结，但这一环节往往被忽视，导致课程出现“虎头蛇尾”甚至“无尾”的现象，极大地影响了课堂教学的效果。掌握地理结课技能，能够帮助学生进一步概括、深化知识，形成知识网络，激发探究欲望。

案例 11-1：在讲授完“河流的综合治理”一课时，老师总结道：“我们看到了河流的综合治理给当地带来了两方面影响：一是带来大的经济效益、生态效益和社会效益；二是造成很多负面影响。因此，在河流的综合开发治理问题上，首先要有一个客观、辩证的分析。在确保利大于弊的前提下，还要采取各种措施使负面影响降到最低。现在给大家留一个辩论题目：雅鲁藏布大峡谷建水电站利大于弊，还是弊大于利？分成两个组，课下收集资料，下节课进行辩论。”

参与评价

你怎样评价案例 11-1 的结课方式？

一、地理课堂结课的含义

结课技能又称课堂结束技能，指教师在完成一项教学内容或课堂任务时，通过强调、概括、实践等方式，引导学生对所获得的知识、方法、能力、价值观及时进行系统化的巩固、应用和升华的教学行为。结课技能常常应用于某节课的结尾，小到一个概念的讲解完成，大到一个单元的总结回顾。从表面上看，结课环节是课堂教学的终结，但本质上它是课堂教学的总结、升华和延伸，是后续学习的基础和准备。

地理结课是为实现教学目标服务的，因此在设计结课环节时，教师要以教学目标为依据，充分考虑学生的认知水平、特点。在方式选择上，不要拘泥于教师“自说自话”式的概括总结，要灵活多样，尽力引导学生自主巩固提炼，主动构建知识体系。此外，临近下课，学生注意力保持时间有限，教师应该注意结课环节时间不宜过长，力求语言简洁，短小精炼，以达到锦上添花、画龙点睛之效果。

二、地理课堂结课的作用

（一）巩固新知，加深记忆

记忆是学生获取知识的重要方法。在地理课堂中，大量的地理名称、地理概念、地理数据等都是需要记忆的，学生记忆的效果在很大程度上影响教学质量的高低。根据艾宾浩斯遗忘曲线，人们在获取新知识以后立即开始遗忘，起初遗忘速度很快，随着时间推移越来越慢，而在学习之后的 20 分钟左右是遗忘速度最快的时候。一节课一般是 40 分钟或者 45 分钟，这说明在下课之前，老师讲授的一半知识已经被淡化甚至遗忘。在结课环节，教师引导学生回顾本节课所学习的新知识，不仅能达到当堂巩固的目的，还能帮助学生加深对知识的理解和记忆。

（二）梳理脉络，发展思维

一堂完整的课一般由多个教学阶段组成，每个教学阶段有着不同的教学重点和教学任务。当进行到后边的阶段时，学生的注意力转移到新的教学活动上，淡化了之前的学习内容，难以形成完整的知识体系和思维脉络。在结课环节，教师通过运用总结概括、归纳演绎、抽象分析、推理判断等方式，帮助学生对所学知识和内容进行简要的回忆和整理，引导学生主动建立地理知识体系，梳理脉络，不断发展学生的地理逻辑思维能力。

（三）承上启下，做好铺垫

地理课程中章节之间都有着知识或逻辑上的联系，既是一个完整的教学内容，也可能分成几个课时来学习。这就要求教师在设计结课环节时，不仅要注重对本节课教学内容的总结，还要为以后的教学内容做好铺垫，在一定程度上体现地理知识的连贯性和内在逻辑性。

（四）挖掘潜力，激发兴趣

结课环节并不一定全是总结和归纳，也可以结合教学内容和实际问题通过设疑的方式完成。例如，有的老师在“工业区位因素”一课结课时提出，当地的某工厂选址是否合理，应该如何调整。这极大地激发了学生的学习兴趣和探究欲望，学生通过对问题的思考和回答，逐步培养起独立思考和合作探究的习惯。这也是检验学生能否学以致用，培养学生创造性思维的过程。

（五）沟通反馈，查漏补缺

在结课环节，设计练习检测、对比分析等，一方面，学生可以检查自己的学习情况，查漏补缺，针对自己掌握不透彻的知识点及时与同学和老师沟通，保证学习效果；另一方面，教师也可以依此来了解学生对所学知识的掌握情况和教学中存在的问题，以便及时调整、改进后续的教学活动。

第二节　地理课堂结课的类型

一、总结归纳法

总结归纳法是比较常用的结课方法，指教师运用精练的语言或者图表，提纲挈领地将本节课的内容加以归纳总结、概括梳理，强调重要知识点，呈现给学生以相对系统的知识，帮助学生加深对新知识的理解和记忆。在使用总结归纳法结课时，要注意避免对所学知识的机械重复或简单再现，要注意设置情境，使教学内容进一步拓展和延伸。

案例 11-2：在讲授完“大气运动的原因”一课内容后，教师运用图示法总结归纳本节课的知识，如图 11-1 所示。

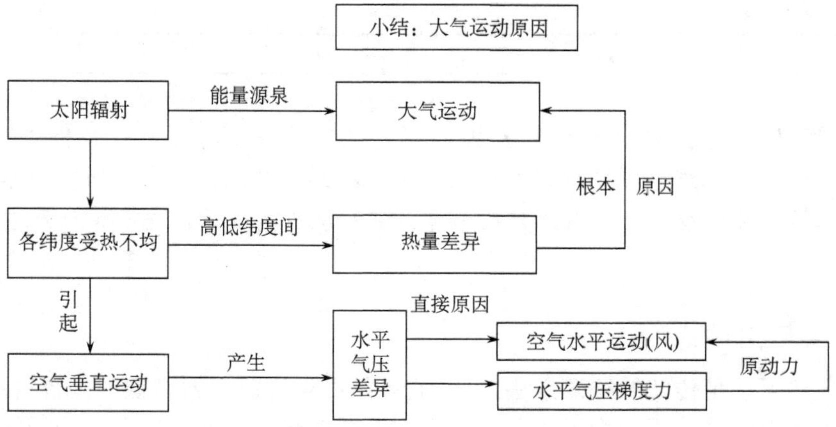

图 11-1　“大气运动的原因”图示总结

【思考与讨论】 请结合案例 11-2 讨论，这种结课方式的好处是什么？适合什么教学内容？请举例说明。

二、对比分析法

地理教学中有很多概念、原理、过程既相互联系又各自不同，而这往往又是学生学习过程中的重难点。对比分析法是指在结课时，教师将教学内容中形式相同、意义相似或相异的知识进行对比分析，强调它们之间的联系和不同点，帮助学生区分理解，加深记忆。比较常用的有将同类事物放在一起比较异同点的类比法、把单一事物不同发展时期按顺序进行对比的纵向比较法、一些地理事物从多方面进行对比的横向比较法等。

案例 11-3：在讲授完“锋面系统与天气”时，教师采取绘制对比表格，师生共同总结的方式结课（表 11-1）。

表 11-1　锋面的类型和主要特征

项目		冷锋	暖锋
概念		冷气团主动向暖气团移动	暖气团主动向冷气团移动
气团位置		冷气团在锋下	暖气团在锋上
降水区位置		主要在锋后	锋前
天气特征	过境时	阴天、刮风、降温、雨雪	云层增厚，连续性降水
	过境后	气温下降、气压升高、天气转晴	气温上升、气压下降、天气转晴
我国典型的锋面天气		北方夏季暴雨、冬春季节的大风、沙暴、冬季寒潮	华南地区，春暖天晴，春寒雨起
解释典型现象		雪后寒、一场秋雨一场寒	一场春雨一场暖

【思考与讨论】 中学地理教学中，有很多内容都可以采用对比分析法结课，你还能想到哪些内容适合用这种方法结课？请以小组为单位，在湘教版高中地理必修教材中选择一节内容，设计对比分析结课，并在班级内展示，说明设计意图。

三、承上启下法

承上启下法是传统的结课方法之一，它是指在结课时对本节课的内容进行总结，同时运用适当的过渡语言为下一节课的内容设置铺垫，将两节课有机地衔接起来。这不仅能帮助学生建立起知识间的相互联系，还能在一定程度上激发学生对新知识的学习欲望。

> 案例 11-4：在学习完“城市化过程与特点”一课后，教师设计的结语如下：本节课，我们了解了什么是城市化、城市化的动力机制、城市化的特点及中国独具特色的城市化进程。那么，城市化过程与我们的生活有什么关系呢？城市化对自然地理环境又有着怎样的影响呢？我们会在下节课“城市化过程对地理环境的影响”一课中找到答案。

【思考与讨论】分组讨论在运用承上启下的结课方式时，有哪些需要注意的地方？

四、首尾呼应法

新课导入时，许多教师采取提出问题、设置悬念的方法以提高学生的学习兴趣，激发他们探究新知的欲望。在结课环节，教师应注重引导学生利用本节课所学习的知识解释之前提出的问题，消除悬念，既照应开头，使课堂完整，又能使学生巩固新知，学以致用。

> 案例 11-5：在讲授“洋流”一课时，有的教师这样设计了新课导入：据新华社 2012 年 8 月 31 日电，英国苏格兰一对母女于 2012 年 7 月 29 日在大西洋海滩

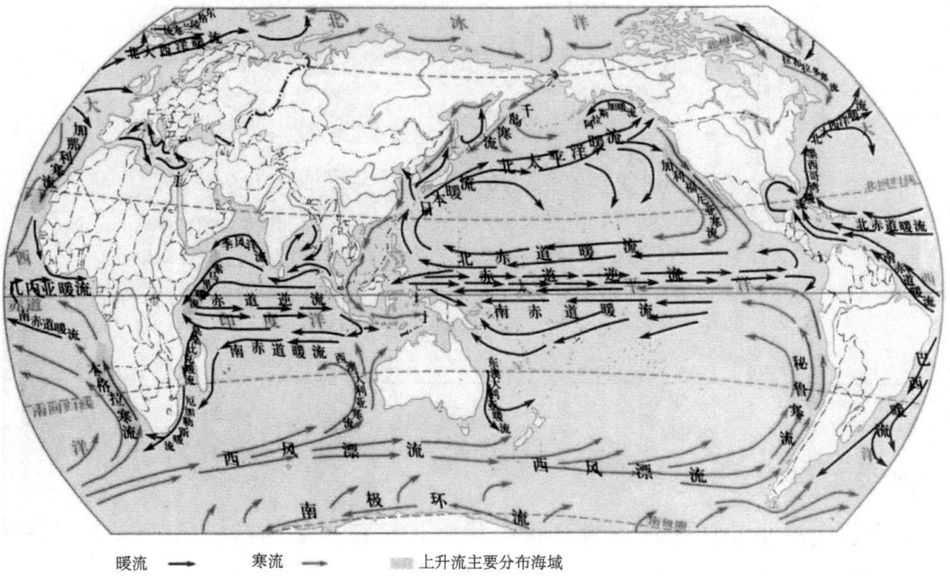

图 11-2　世界洋流分布图

上拾得一只漂流瓶。它很有可能来自中国，因为内装纸条上写着汉字，署名为“张清绚”。请问：假如这只漂流瓶来自中国台湾，那么它是怎样到达英国的呢？

在结课时，教师很自然地问学生，谁能告诉我漂流瓶是靠哪些洋流漂到英国去的？世界洋流分布如图 11-2 所示。

五、练习巩固法

有重点的练习，可以帮助学生在学习新知后加深理解，学以致用，也能反馈教学效果。在结课时，教师可以根据本节课的教学内容，精心设计练习题作为课堂小结。设计习题时，要充分考虑学生的认知水平，难易适当，突出重点，还要联系实际，避免单调乏味。

案例 11-6：在讲授“地壳物质循环”一课时，教师运用“小岩浆旅行记”的故事贯穿全课。结课时，教师展示一幅留白的地壳物质循环过程填充图作为练习（图 11-3）。请同学们根据所学知识，画出小岩浆旅行的路线和不同时期的形态，以此巩固新知。

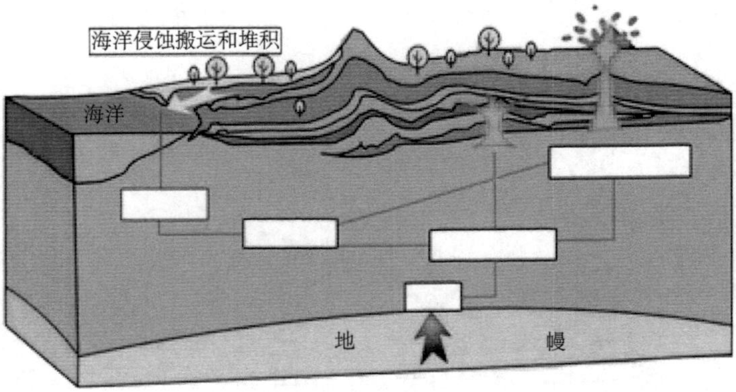

图 11-3　地壳物质循环过程

六、竞赛游戏法

竞赛游戏法是指教师通过设计符合学生年龄特点且与教学内容紧密相连的游戏、表演等活动来结束一堂课，从而使学生从先前倦怠的情绪中解放出来，唤起他们主动参与的热情，使学生在轻松、愉悦的氛围中巩固所学内容，收到事半功倍的效果。

案例 11-7：在“我国的行政区划”结尾处，有的教师设计了“找朋友”的游戏环节：每个学生扮演一或两个省区，先由教师提问，扮演某省区的学生说出“自己”的简称和行政中心，然后与这个省区相邻的省区扮演者马上接上去，并要说清楚这两个省区的相对位置。

【思考与讨论】 请你回忆一下，在中学各学科课堂上，老师设计过哪些有趣的竞赛游戏？这些活动效果怎样？对地理课堂的结课环节设计有哪些启示？

七、拓展延伸法

授课结束并不意味着学生学习的结束，教师应当设计好课本知识与外界事物的联系纽带，帮助学生在实际生活中继续学习知识，拓展视野，发展思维，力求将所学知识运用到解决实际问题的过程中，实现“学习对生活有用的地理”这一目标。

案例 11-8：在讲授完“流域的综合治理与开发”一课时，教师设计了这样的结课环节：同学们，我们已经了解了田纳西河流域治理前的地形、气候、河流、资源等条件，分析了田纳西河水土流失严重的原因，掌握了田纳西河流域综合治理与开发的措施、方案与经验，假如同学们是我国黄河流域综合治理与开发的总工程师，你将如何借用今天所学的知识，对黄河流域进行综合治理与合理开发呢？

八、激发情感法

课堂教学中一旦触碰到学生的情感和精神领域，就能引起学生们在思想上的共鸣，将课堂气氛推向高潮，而且脍炙人口、生动形象、感情充沛的语言能给学生以美的享受，课堂结课的过程中适时引用一些优美的诗句，或者看视频资料、听演讲、谈体会，不仅能增加地理课的人文色彩，还能使学生为之所动、为之所感产生共鸣，也实现了新课标三维目标中的“情感、态度和价值观”这一最高目标。

案例 11-9：学习完“自然资源与人类活动”一课时，教师在结课环节带领同学们高声朗读如下倡议：

地球是我们唯一的家，
我们生于斯，长于斯。
保护她，珍惜她，
我们责无旁贷。

只要我们愿意，
只要我们有心
一个举手之劳，
可以为濒危的地球带来重生，
可以为燃烧的地球带来希望。

除此以外，还有很多形式的结课方法，如思维导图法、实验验证法、学案引导法等，教师也可根据实际情况综合运用多种结课方式。无论采取什么样的结课方式，都必须围绕教学目标，根据学生身心特点，坚持学生的主体地位，推动学生思维品质的不断发展。

第三节　地理课堂结课技能的要求

一、目的明确

课堂的一切都是为实现教学目标而设计的，结课环节也不例外。因此，结课环节要紧贴教学目标，充分考虑教学的重点、难点，根据学生的身心特点和认知水平选取适当的结课方法，力求帮助学生更好地记忆、应用新知识，培养学生的地理思维品质。

二、系统完整

学生学习新知识时，往往将注意力集中在概念、理论和过程上，从而忽略了知识之间内在的关联，这不利于他们构建完整的知识体系。教师在结课环节归纳总结本节课的知识，分析知识内在的逻辑和关联，串点成线，织线为网，既能帮助学生深化记忆，也能帮助其建立起知识结构，发展地理思维。

三、自然贴切

结课是一堂课（完整教学的）的必要环节，也是教学内容的客观要求。进行教学设计时，要重视结课环节的重要作用，根据现实情况灵活多样地选取结课方法。教学过程中要严格按照教学计划，有目的地调整教学节奏，有意识地照顾课堂的结束环节。切勿生搬硬套，使结课环节变得生硬且没有意义。

四、简洁明了

课堂结课语言一定要短小精炼，寥寥数语概括主旨，总结要点，成为画龙点睛之笔。一个故事如果没有结尾就称不上精彩，但结尾冗长则令人厌烦。课堂结课环节切忌拖泥带水，甚至延迟下课。结课环节一般应该控制在下课前的几分钟内，教师以精练的语言对本节课进行总结升华，或为下一节课做好铺垫。

【课后训练】

（1）从下列主题中任选一个主题设计三种不同的结课方法，在微格教学进行录像，同组同学进行点评。①宇宙中的地球；②地球表面形态；③自然资源与人类活动；④工业区位因素与工业地域联系；⑤荒漠化的危害与治理；⑥地理信息系统及其应用。

（2）阅读下面的结课案例，请以小组为单位，按这个案例的教学内容再设计两种结课方式。

湘教版高中《地理Ⅰ》第三章“自然地理环境的整体性与差异性”中的第三节“自然地理环境的差异性”，教师口述归纳总结本节课的主要内容：“陆地上不同地区的地理环境具有不同的区域特征，而且地理环境的整体性是相对的，差异性是绝对的。但是，地理环境的地域分异是具有一定规律的（以热量为基础的由赤道到两极的地域分异规律、以水分为基础的从沿海到内陆的地域分异规律及以水热为基础的山地垂直地域分异规律），在规律性中又表现出了复杂性（非地带性现象）。”

【展示与评价】

每组把你们认为在训练中最好的结课方案以真实讲课的形式展示出来，全班予以点评（表 11-2）。

表 11-2 地理结课技能评价表

项目	评价内容	权重	优	良	中	差
			90~100 分	80~89 分	60~79 分	< 60 分
1	结课目的明确	0.20				
2	结课的方式与内容相适应	0.20				
3	强化学生的知识体系	0.20				
4	全面反馈学生是否达到了教学目标	0.20				
5	结课简洁明了	0.10				
6	结课设计体现了一定的灵活性和拓展性	0.10				
得分						

【唤起关注】

诗云：“行百里者半九十。”此言末路之难也。

——西汉 · 刘向《战国策 · 秦策五》

正如刘向所言，事情在越接近完成时，越艰难、越关键。地理课堂上，结课环节就是最后的一步。然而，很多教师忽略了这一环节，讲到下课铃声响起就直接结束，或者随意几语草草了事。其实，结课与导入一样重要，甚至更应该引起重视。因为稍微逊色的导入在后续的教学过程中可能得到弥补，而结课环节的失败则很难挽救。期待在以后的每个教学设计中，结课环节都能让整堂课程大放异彩。

【收获与感悟】

通过本章的学习与训练，我的收获与感悟：

第十二章　地理教学反思技能

叶澜教授曾指出："一个教师写一辈子教案不可能成为名师，如果一个教师写三年教学反思就有可能成为名师。"反思是广义的，反思的内容多样，形式不一；反思也是一种技能，有章可循，可以提升。在新一轮课程改革的背景下，教师的成长和培养不仅局限于脱产进修、专家讲学等形式，教师通过教学反思来促使自己专业发展效果更佳。教学反思应该成为一种习惯，特别是年轻教师，教学反思不仅能让教师时刻明晰自己在教学中的得与失，还能很好地记录在教师职业道路上的成长与蜕变。

【训练目标】

（1）了解教学反思技能的基本内容，认识教学反思技能的重要意义。

（2）通过完成训练任务，学会教学反思的方法。

（3）逐渐养成开展教学反思活动的习惯。

第一节　教学反思概述

新课程标准对教师的教学反思强调较多，达到前所未有的高度，教学反思被认为是"教师专业发展和自我成长的核心因素"。教学反思是一种有益的思维活动和学习方式，每一位教师的成长都离不开教学反思。

一、教学反思的含义

教学反思是指教师对于教育教学实践的再认识、再思考，并以此来总结经验教训，进一步提高教育教学水平的过程。反思是教育者对自己教育教学观念与实践行为及由此产生的结果进行审视和分析的过程，本质上是理解和实践之间的对话。反思是一个连续、有序的过程，需要教师通过个体持之以恒的努力和团队的协作，达到地理教师个体教学水平的提高和教学专业的成长。

这里所说的反思行为，既包括对教师日常教学行为本身的合理性和有效性进行反思，也包括以观察、分析行为表现为起点来反思和揭示教师教学行为背后的体制、机制。

二、教学反思的意义

案例 12-1：6 月的盛夏，王小明为期半年的顶岗支教实习就要结束了，这几天他正忙着收拾东西，告别实习学校。王小明是某师范大学地理科学专业大三年级的学生，根据学校安排，他于学期初来到实习学校，开展一学期的顶岗支教实习。在整理自己办公桌的时候，王小明翻开了一个黑白格子封皮的笔记本，停下手头的活儿，他认真地看着里面记录的文字：

2016年2月26日，今天是我第一次站在讲台上给学生上课，可能是太紧张了，语速偏快，认真准备了一节课的讲授内容，结果半个小时就讲完了，弄得自己措手不及，有些失落。

2016年3月6日，今天给学生讲"人口迁移"，我提前了解了班里学生的家庭是否有人口迁移的现象，课堂中引用了几个学生的家庭作为人口迁移的案例，学生反响很好。看来，充分挖掘学生身边的案例可以有效激发学生学习兴趣，提高学习效率。

2016年3月21日，今天的课堂上，当我提到华北地区农作物熟制是一年两熟时，一个男孩插了一句"我们家怎么就种一季棉花"，我当时有点发蒙，他这意外的疑问打断了我的思路，我装作没听见继续讲课，可直到下课，我还在想着那个男孩的提问，不仅是找出这个问题的答案，还要学会如何化解课堂的"意外"。

……

王小明十分感谢顶岗支教实习，也十分庆幸自己当时一直坚持记录自己的教学反思。初为人师，他深知自己在地理教师的成长道路上需要不断地积累、修正、改进，坚持每节课后的反思，坚持总结成败经验，这样，才无愧于自己用心支教的半载青春，无愧于当初对地理教师的职业选择。

【思考与讨论】 阅读案例12-1，思考与讨论教学反思对于青年教师的成长有何意义？

教学反思其实就是教学行动研究，而教师们每天都在自觉或不自觉地进行着教学行动研究：尝试行动→对行动进行反思→意识到问题所在→拿出新的行动方案→再尝试行动。在这个循环往复的过程中，教师的自我反思起着重要的桥梁和支撑作用，是提高教学质量的前提和保证。

（一）提高教师的职业道德

教学反思是教师对自身行为的认真审视，是一种自省行为。一般而言，缺乏道德感和责任感的教师安于现状，在日常教学过程中，把陈旧的习惯和经验带入课堂，敷衍度日。如果教师养成了良好的教学反思习惯，反思一堂课，或者反思教学中的一个片段、一种方法、一项活动，就能在教学实践中扬长避短，强化自我监控意识，不断完善和提升自我。

（二）提高教师的教学水平

教学反思应立足于自我，批判地考察自己的行动及情境，它不以某个概念化的静态教学法去规范具体的、动态的教学实践。教师通过教学反思，能够很好地挖掘和梳理出经验中蕴含的原理，使其条理化、系统化。当经验升华为理论后，就能够反过来指导教师的教育教学实践。长期以文字、视频等积累下来的教学反思，不仅能够为自身教学水平的提升提供帮助，还可同其他的教师，特别是青年教师分享。反思不是简单的教学经验的总结，它是伴随整个教学过程的分析和解决问题的活动。

三、教学反思的原则

（一）自觉性原则

教学课后反思是一种积极、自觉的行为，单靠外界（单位或领导）的压力和要求而消极被动进行的教学反思，不能称为真正的教学反思。因为无论采取何种方式方法开展反思，都不是源于自我意愿的，都是敷衍了事的，难以收到良好的效果。案例中，王小明在实习期间自觉记录教学日记，对于每天的课堂教学自觉进行反思，才使得自己在实习结束时收获很多。

（二）实效性原则

教学反思有它的最佳时机，一般来说，课程结束后的一天内是开展教学反思的最有效时间。案例中，王小明进行教学反思的时间就是当天教学结束后，他抓住了教学与教学反思的连续性，在对教学过程记忆比较深刻、思维比较活跃的时候开展教学反思。其实，对于所有教师而言，教学反思是对自己教学过程的一种再思考和再认识，课程刚刚结束时，自己对教学过程的印象是最深刻的，也是最容易产生改进、修正等想法的，如果错过了最佳时机，教学反思的效果将大打折扣。

（三）持久性原则

教学反思是一个积累的过程，应该持之以恒，成为一种习惯。可以制订教学反思的计划，形成规律，如每节课后进行自我对话、每周撰写教后记、每两周进行一次录课和录像反思、每个月进行一次课堂调查等。案例中，王小明从实习开始到结束，一直坚持写教学反思日记，不仅有效帮助自己迅速成长，还记录了自己的蜕变。因此说，持久进行教学反思不仅能使自己养成良好的教学习惯，还有利于自身教学技能的提升。

第二节　教学反思的途径

如何通过教学反思切实促进教师的成长，这是一个理论问题，更是一个实践问题。教师上完一节课后，总会获得来自不同方面的反馈信息，主要包括教学过程、教学环节、教育理念等方面，将这些反馈信息有计划、有规律地进行整理、思考、提炼，就会达到很好的教学反思效果。而这样的教学反思实现途径也很多，大致有如下几类：一种是以教学过程为依据，针对每个教学环节（导入、讲授、活动组织、结课等）依次进行教学反思；一种是从范围上来进行反思，一般分为教师个体行为反思和教师集体行为反思；还有一种是以不同视角进行反思，包括自我视角、学生视角、同事视角的反思。本书重点讨论不同视角的反思途径。

一、自我视角的反思

（一）自我对话

自我对话是教师课后进行的自我反省，是教学反思中形式最为简单的一种方式，而反思的内容主要是课堂教学过程中印象最为深刻的地方。包括多媒体课件是否吸引学生的注意力；当学生回答问题时出现意外的答案，是否应对自如；课程内容偏难，学生能否很好的接受等。看似简单的自我问答，其实都是在重新思考自己的教学过程，具有一定价值。

【技能训练】提前进行一次微格训练并录制教学录像，讲授内容为某一节完整的课程或某一个完整的知识点，在微格训练结束后（时间不超过一天）进行一次针对本节微格教学过程的自我对话，开展自我教学反思，并将对话内容填入表 12-1。

表 12-1　自我对话方式反思表

自问：	讲授内容是否是按照教学设计进行的？有何改动？如有改动，效果如何？
自答：	
自问：	教学内容讲解是否到位？学生接收和反馈情况如何？
自答：	
自问：	教学过程中是否有预设之外的情况？如有，是如何解决的？
自答：	
自问：	教学过程中师生互动开展情况如何？有何感受？
自答：	
自问：	教学过程中满意和不满意的地方是什么？不满意的地方如何改进？
自答：	
小结：	

（二）教学日记

知觉理论认为，知觉外部信息参与的感觉器官不同，其信息获得与保持的效果也各异。撰写教学反思日记，可以调动多样的知觉方式，增加获取信息的广度和精度。教学日记的形式有很多，内容可以包括教学过程、与他人对话、感悟和期望等。教学日记不仅记录内容，更重要的是将日记中的改进意见和总结经验牢记，便于自身的成长。

案例 12-2："地图的阅读"教学日记。

2015 年 9 月 11 日　　星期五　　晴

授课题目：地图的阅读　　授课班级：初一三班

本节课的讲授，其成功之处在于：整个教学过程中注意使学生成为课堂的主体，教师是课堂的主导，学生通过自主学习和合作学习来完成本节课的内容，在自主学习的基础上完成合作学习的内容，既为学生自主学习创造条件，又用小组合作探究的方法，培养学生的团结协作精神。教学过程中也注重了新旧知识的衔接，掌握地图知识和技能的培养。教学实验过程中，注意与学生感情上的交流，从教态、语言、表情等方面做到亲切，拉近与学生的关系，让学生以愉快的心情学习，也有利于激发他们的学习兴趣。而本节课的不足之处在于：

（1）本节课还没有带动全部学生的学习积极性，后排的几个学生没有融入活动中。

（2）比例尺内容比较抽象，学生刚接触，感性认识很好，但在换算中很多同学有困难，在今后的教学中要注重比例尺换算能力的训练。

（3）部分小组的合作意识要进一步加强，今后要发挥组长的带头作用，让小组每一个学生都积极参与。

总之，地图是日常生活、生产，以及学习地理所必需的重要工具。所以，应使学习地图的过程变为一个使用地图的过程，边学边用，边用边学，在学中用，在用中学。今后的教学过程中要注意在阅读地图、获取信息的过程中，让学生表达获取信息的方法，培养其阅读及获取信息的能力，同时要引导学生把感性认识上升到理性认识，也使学生体验到学习地理的快乐。

（三）分析录像

录像可以较为准确地记录教学过程中的声音、图像、教态、师生互动等课堂情况，由于可以不断回放，它十分利于教师发现问题，开展教学反思。教学录像特别适合反思教师在教学过程中的非语言行为，分析体态语、环境语等非语言信息在教学中是否有助于教学过程的开展。可以采用默片（抹去录像中的声音）的方式分析非语言信息，这样可以排除声音干扰，专注观察教学中教师仪态、肢体语言等。限于硬件条件，目前尚未能做到每节课都录像，但可以制订录像反思计划，定期开展，做好记录。

【技能训练】选取自己录制的一节（微）课视频，观看并反思，反思内容可以以本章之前所学的其他教学技能为标准，填写分析录像记录表（表 12-2）。

表 12-2　教学录课视频反思表

录课时间：		录课地点：
录课内容：		录课时长：
教学设计	优点：	
	不足：	
导入	优点：	
	不足：	
语言	优点：	
	不足：	
讲授	优点：	
	不足：	
媒体运用	优点：	
	不足：	
提问	优点：	
	不足：	
活动组织	优点：	
	不足：	
课堂调控	优点：	
	不足：	
结课	优点：	
	不足：	
反思总结		

（四）教学再设计

教学结束后，教师应该根据学生学习的反馈情况做详细的、适时的动态调整或调适，从而弥补原教学设计的不足。教学再设计的过程就是教师教学思想提升的过程。教师在进行教学再设计的时候要深入分析原教学设计中存在的问题，并围绕问题的解决开展再设计。教学再设计是面向具体教学问题的，因此，设计时必须对具体的教学环境、内容、学生具有一定的解释，不能宽泛、空洞设计和描述，要有针对性和创造性。

案例 12-3：对于德国鲁尔区，中学地理教师一定不会陌生，它是世界传统工业区从繁荣到衰落，再到振兴的一个典型地区，我国多个版本的高中地理教材都选取其作为传统工业区知识的案例。可是，这一节课的知识怎样才能更好地传授给学生呢？天津汉沽一中的李宁老师在上这节课时有着特殊的故事。

这节课的课标要求是：以某区域为例，分析该区域能源和矿产资源的合理开发与区域可持续发展的关系。李老师在第一次讲授这节课时，先给学生充足的时间预习了课本内容，再针对课本中几个中心问题进行提问。学生的回答比较圆满，逐条逐句将课本中的要点总结了出来。但课后她发现，学生对于这些结论的掌握远没有课堂回答问题时表现的那么纯熟。原来，学生们得到的那些问题的结论并不是经过认真研究、深入分析得来的，而是直接从课本文字中找出来的标准答案，缺乏思考过程。所以，这种犹如蜻蜓点水般的知识获取根本不能触及学生的思维深处，也就无法使其在学生的头脑中留有很深的印象。

三年后，当李老师再次遇到这节课时，她采取了与第一次不同的教学方法与教学过程，对这节课重新进行了设计。其中，最重要的调整是选择恰当的材料，注重学生能力的锻炼。这一次，她没有采取直接提问、让学生从课本中找结论的方法，而是通过网络、杂志、习题等多种途径搜集了大量的材料，让学生来分析、讨论、总结，用于佐证课本中的结论。通过学案中的两个探究活动，学生可以很轻松并印象深刻地总结出鲁尔区衰落的原因及再生的整治措施。通过分析学案材料，培养了学生的分析能力与合作意识；通过讨论交流，让学生大胆尝试，教师只作为学生学习的指导者、帮助者。

两次授课，两种方式，李老师得到了两种不同的结果，她也由此更深刻地认识到在新课改的今天，作为教师，必须运用符合学生发展特点的教学方法及教学过程，才能达到最佳的教学效果，来提高教学效率，真正培养和提升学生的能力。

【技能训练】选取自己的一节微格录像，根据自己在讲授结束后的反思，对原教学设计进行修改和完善，形成新的教学设计。

（五）教学叙述

教学叙述是对课堂教学过程“故事化”的描述，属于自我教学反思的一种。它不同于教育叙事涉及面广，也不同于教后记只围绕课堂教学陈述。教学叙述在时间、内容、方式上更随意，可以是某一个学期或学年的教学故事，可以是课堂中图表使用、活动组织、地理实验的心得，也可以是工作总结、散文、日记等形式。教学叙述一定要写出情境和过程，给人以想象空间。当然，一篇好的教学叙述就是一篇高质量的行动研究成果。

案例 12-4：教学叙述。

在讲“俄罗斯”一课前，我从杂志上看到了这样一则“脑筋急转弯”：一位俄罗斯大嫂围了一条三米长的围脖，要过一条四米宽的河流，在没有船的情况下她过了河，请问，她是怎么过去的？（答案：从冰上滑过去的），当时我就想，这一则“脑筋急转弯”不正隐含了俄罗斯的自然环境特征之一吗？把它作为“俄罗斯”课程的导入形式，在教学思路上进行改变，会不会收到良好的效果？

抱着这样一个念头，在“俄罗斯”课前准备活动后，我宣布要出个“脑筋急转弯”考考大家，同学们一听我要出个“脑筋急转弯”考他们，都感觉很新奇，注意力都集中起来，待我将这则“脑筋急转弯”说出来后，马上就有六七个同学站起来说了自己的答案，但都被我否定。这时，看到同学们充满疑问、困惑的神情，我及时进行了提示：那位大嫂一般在什么情况下才要佩戴那么长的围脖？之后马上就有同学站起来说出了正确的答案，并进行了解释。此时，同学们的热情已经被调动起来，我趁机向他们提了几个问题：俄罗斯为什么这么冷，俄罗斯境内都这么冷吗？等等，都得到了大家积极的响应，之后及时切入了该课的正题。结果这堂课同学们反映特别好，感觉非常新鲜，记忆深刻。

由此，让我对地理教学想到了很多。教师必须正确把握教育改革与发展方向，经常有意识地反省自己的教学实践，从中总结经验教训，要有意识地虚心听取他人对自己教学工作的评价。通过自我总结和积极借助他人的反馈来分析自己的学习需要，进而不断充实自己教与学的知识库。

教师要精心备课，要有意识地挖掘教育资源，及时捕捉有价值的教学资源，多用身边鲜活生动的材料因势利导，灵活恰当地根据学生反应与参与的状况调节教学节奏和教学内容，把握主方向，收放有度，要引导学生多探讨有价值、有意义的话题，提高驾驭课堂的能力。

教师在课堂上由“讲学”变“导学”，真正体现学生的主体地位。在教学形式上不应千篇一律，而应尽量做到丰富多彩、多种多样。较简单的内容可指导学生自学，然后自己归纳总结，较难的内容可引导学生逐步分析思考，精讲重点、难点。并根据具体条件，讲授内容选择最佳的教学手段，充分发挥现代教育技术在解决教学重、难点及创设、引导学生主动参与的教学情境等方面的作用，给学生充分的自主活动的时间和空间，为学生提供线索、尝试和思考的机会，多让学生进行体验性学习。

二、学生视角的反思

（一）和学生谈话

课堂的主体是学生，学生是教师教学的直接对象，和学生谈话，通过谈话征询学生对自己教学的反馈意见，从学生的眼里认识自己。通过学生的反馈来审视自己及自己的教学，是进行教学反思的一个主要途径。和学生谈话获取的信息较为真实、方式较为直接，不仅能够有效促进教师反思，还能增进师生交流，培育师生情感，构建和谐师生关系。谈话的形式有很多，可以组织师生座谈会或单独谈话，或者通过网络平台、设立“悄悄话信箱”进行交流等。

【技能训练】选取部分学生（或授课对象）进行谈话，谈话内容可设定，也可随意。谈话过程中，做好记录，谈话结束后，写谈话反思（表 12-3）。

表 12-3　与学生谈话记录表

谈话人：	被谈话人：
谈话时间：	谈话地点：
谈话过程	
谈话后反思	

（二）作业评析

评析学生的作业，不仅能检验学生学习知识的情况，还能检查出教师自身教学过程中的优势与不足，是一种有效的教学反思途径，当然，也包括考试评析。

【技能训练】给学生布置一次地理作业，并对作业进行认真批阅，结束后进行总结反思，并填写表 12-4。

表 12-4　学生作业评析记录表

作业内容	
学生完成情况	
反映出的问题	
解决措施	
教学反思	

案例 12-5：河北正定中学，每位学生人手一本“励志成长册”，每周要上交一次，任课教师通过“老师，我想对您说”这一模块（把学习中遇到的问题、心态上遇到的困惑告诉老师，老师为你指点迷津、明晰方向），充分利用学生的反馈信息，了解学生在学习过程中的感受和体验，通过认真思考这些反馈信息，反思自己的教学实践，使师生实现共同进步。而老师也应该平等对待学生，正视学生对自己的建议，往往能够得到意想不到的收获。

——摘自：赵智鑫. 2014. 地理教学反思的实践研究. 河北师范大学硕士学位论文

【思考与讨论】 阅读案例 12-5，谈谈对你有什么启发？从学生的视角进行教学反思还有哪些好的方法？

三、同事视角的反思

（一）听课

同事之间相互听课，是一种切磋教学，群体反思的过程。可以把同事请过来听自己的课，也可以走进同事的课堂去听课，无论哪种方式，都可以获得意想不到的信息和反馈，都会产生一定的教学反思。在听课与被听课的过程中，一般有三种听课反思的形式：一种是对比式听课，或者叫做同课异构，即不同的老师运用不同的方法和思路讲授同一节课，这种听课形式对比明显，容易找到差异和不足，反思具有针对性；一种是观摩听课，可以是现场观摩，也可以是观看录像，一般来说，观摩课多为优质课，因此，观摩听课后的反思内容更多、收获更大；还有一种是听说课，说课是对教师开展教学活动方式和理由的说明，听说课节约时间，可以透过授课表面看到背后的设计理念，是一种高效率的群体反思形式。

【相关资料】 同课异构

指不同的教师在相同的年级、不同的班级上同样教材、同等进度的“同名课”，比较他们在教材分析、教学设计和教学风格等方面的异同，从而实现相互学习的目的，并在此基础上，谋求改善学生课堂学习、教师专业发展的一种教育比较研究方式。

【课后训练】 同学之间，完成一次相互间的听课并记录（表 12-5），从他人身上你学到了什么？这对你今后的教学有何促进？

表 12-5　听课记录表

学校：　　　　　　　　　　　　　　听课人：

任课教师		班级		听课日期	
教学内容				课型	
听课记录					评议
听课反思					

（二）集体备课

集体备课是现在很多中学开展的一项教研活动，教授同一课程的教师在一起相互讨论、交流，运用集体智慧完成教学设计，并在思维碰撞中矫正个人理解的偏颇，促进自我更深刻、更全面的反思。

【课后训练】以小组为单位，开展一次集体备课活动，并填入表 12-6，在集体备课过程中，你有何收获？

表 12-6　集体备课记录表

时间		地点	
主持人		主讲人	
参与人员		记录人	
主要内容			
备课过程			
教学设计			
总结			

（三）教学案例讨论

选取一节典型的教学案例，在同事中间进行讨论与反思，最后形成讨论结果，这就是教学案例讨论。任何教学案例都有优点和缺点，但每个人评价优缺点的标准不同。因此，教学案例讨论中，同事之间可以各抒己见，最后进行反思总结。讨论过程中，要听讲结合，避免教师“听”得多，“说”得少，人云亦云，可以采用笔记本、摄像机等工具做好讨论记录。

【课后训练】每名同学选取自己的一节微格教学录像视频，首先进行个人分析录像，其次小组内集体分析并讨论小组成员的微格教学录像视频，最终结合自我录像反思和小组集体分析，进行一次教学再设计。

第三节　教学反思技能运用的要求

一、教学反思要有理论性

教学反思不是简单的对课程回忆、查找教学问题的过程，而是建立在科学的教学理论的基础上，开展自我研究与实践的途径。

教学反思对教师的各方面能力要求都比较高，教师只有不断加强自身理论水平，提升自身知识储备，才能保证教学反思的科学性、有效性，进而在如此的教学反思中促进专业化发展和教学质量提高。反之，缺乏理论支撑的教学反思一定是盲目的活动，无法实现教学反思的目标。

二、教学反思要有系统性

教学活动是一个环节较多、涉及面较广的实践活动，教师在教学反思中的内容和范围是多方面的，包括对教学理念、教学目标、教学设计、教学行为、教学效果等方面的反思，这就需要教师在教学反思中做到系统性反思。

现实中，一些教师在教学反思过程中，反思面过窄，往往是针对某个方面进行反思，有的只注重教学设计，有的只注重教学行为，缺乏系统性。教学本就是一个整体的过程，环环相扣，深入探究之后就会发现，仅仅反思某一方面的教学活动，是不可能完全找到原因、解决问题的，需要整体把握和梳理。教学反思不仅反思教师在教学活动中不成功的地方，还要反思成功的地方。因此，反思内容应该辩证地、全面地展开，如此更能厘清反思内容。

总之，一堂课、一个教学细节都是反思的因子，但“反思”并不仅仅是为了一堂课或一个教学细节，而是为了更好地改造整个教学理念和教学思维，说到底是提高教育教学质量。因此，系统性教学反思是将所有因子整合，按其规律和特征开展教学反思活动。

三、教学反思要有目标性

开展教学反思活动要有目标，要通过反思整合资源、改进不足、改革创新、自我提升来实现教学能力的提升和教学质量的提升，没有目标性的教学反思活动不仅不能实现教学反思的意义，还可能会将教学向错误的方式指引。

教学反思的目标性要求防止存在形式化的教学反思。一些学校和教师不明确教学反思的目标性，导致教学反思只是应付、只注重形式，只有反思之形没有反思之实，即使做了教学反思，也感觉不到反思带来的效果。

教学反思的目标性要求防止出现单一化的教学反思。大多数的教师认为教学反思是自己的事情，无非就是对自己教学过程的再认识和再思考。其实，要想真正实现教学反思的目标，需要加强教学反思的合作性，避免单一化。教学反思的视角是多方面的，教师可以从与同事、同学、专家交流，运用文献等一个或多个视角合作反思，打破封闭性和局限性，促使教学反思目标的全面实现。

四、教学反思要有发展性

通过有效的教学反思成长为一个反思型教师的过程是不断对自身进行否定之否定的辩证发展的过程。教师在不同的专业发展阶段，反思的侧重点有所不同。适应型教师的教学反思侧重教学技术层面的反思，成熟型教师的教学反思侧重用教育理念或教育理论支撑教学活动的反思，专家型教师的教学反思侧重站在科学研究的视角带有一定批判性关注教学活动背后意义的反思。

教学反思要有发展性，这里的“发展”既指教师反思的内容是不断发展的，也指教学反思的内容应该适应自己的专业发展阶段。因此，教师要清楚自己所处的专业发展阶段，并结合发展性找到适合自己专业发展阶段的反思内容（表12-7）。

表 12-7　反思技能评价表

项目	评价内容	权重	优	良	中	差
			90~100 分	80~89 分	60~79 分	< 60 分
1	反思内容注重发现教学中存在的问题和教学中的亮点	0.10				
2	反思的方式方法多样，具有创新思维	0.15				
3	反思能联系自己的教学实践和学生的实际情况	0.15				
4	能对教学中存在的问题提出合理的解决策略	0.10				
5	反思条理清晰、内容翔实、有实效性	0.15				
6	自我意识清晰，能正确客观地审视自己的教学行为	0.10				
7	问题归因恰当	0.10				
8	改进设想具有可行性，能体现本学科的教学特色	0.15				
得分						

【展示与评价】

（1）优秀教学案例展示。把经过精心打磨、反复修改的完整教学设计方案展示出来（要求按照本书第二章第四节教学方案的编制规范格式编制）。

（2）在微格教室模拟真实的授课过程，小组成员进行配合，要求教学环节完整，充分运用各种教学技能（要求有“三板”技能展示）。

【唤起关注】

教育的目的是培养人。“教育是基于信仰的行动。”然而，教师并不是理所当然的教育者，也不是做好了充分准备才去做教师的，而是需要在实践中持续不断地学习，在不断反思中实现“教学相长”，逐渐形成实际的教育教学能力，领悟教育的真谛。教学反思是教师进步的阶梯，是教师进步的重要途径。教学反思能够持续提高教师自我的教学监控能力，提升教师的专业素质，促进青年教师的专业成长。教学反思不仅是一种能力，更是一种基于人性的自我修养！

【收获与感悟】

通过本章的学习与训练，我的收获与感悟：

主要参考文献

奥苏伯尔. 1994. 教育心理学——认知观点. 佘星南, 宋钧译. 北京: 人民教育出版社.

白文新. 2009. 地理课堂教学“三板”技能应用策略探析. 中学地理教学参考, (9): 9-11.

白文新. 2012. 中学地理教师教学技能. 西安: 陕西师范大学出版总社.

蔡平. 2011. 中学地理课堂地图和图表媒体教学技能研究. 中学地理教学参考, (1-2): 32-33.

曹晓梅. 2015. 高中地理课堂教学导入设计浅析. 华夏教师, (10): 53.

陈澄. 2007. 新编地理教学论. 上海: 华东师范大学出版社.

陈俐驰. 2014. 多媒体课件在高中地理教学中的有效利用研究. 大连: 辽宁师范大学硕士学位论文.

陈立平. 2001. 浅谈地理教学语言的特点与养成. 学知报, (3): 1-2.

陈羚. 2006. 国内外有关教师课堂提问的研究综述. 基础教育研究, (9): 17.

陈实. 2011. 新课程地理课堂教学技能训练. 武汉: 华中师范大学出版社.

陈旭远. 2015. 教学技能. 北京: 北京师范大学出版社.

陈雅玲. 2009. 大学生本教育中实习团队的建设. 现代教育论丛, (5): 81-83.

陈永林, 黎章春. 2012. 地理教学技能综合训练教程. 杭州: 浙江大学出版社.

程达. 2000. 教学目标论. 长沙: 湖南教育出版社.

崔允漷. 2014. 有效教学. 上海: 华东师范大学出版社.

段玉山. 2003. 地理新课程研究性学习. 北京: 高等教育出版社.

费树涛. 2013. 中学数学课堂启发式讲解的教学研究. 大连: 辽宁师范大学硕士学位论文.

高燕. 2009. 从新课程理念看化学微格教学中的“提问技能”. 保山学院学报, 28(2): 77-82.

顾明远. 1999. 教育大辞典. 上海: 上海教育出版社.

何克抗, 林君芬, 张文兰. 2006. 教学系统设计. 北京: 高等教育出版社.

洪松舟, 卢正芝. 2008a. 提问: 教师有效教学的基本能力. 课程教材教学研究(教育研究版), (2): 30-34.

洪松舟, 卢正芝. 2008b. 我国有效课堂提问研究十余年回顾与反思. 河北师范大学学报(教育科学版), 10(12): 34-37.

侯守梅, 张鲁. 2014. 优化地理教学导入模块, 提升高中教学水平. 学周刊, (25): 131.

侯双爱. 2013. 地理课堂导入方法例谈. 教育实践与研究(B), (2): 76.

加里·D. 鲍里奇. 2002. 有效教学方法. 4 版. 易东平译. 南京: 江苏教育出版社.

江晔, 刘兰. 2008. 地理课堂教学技能训练. 上海: 华东师范大学出版社.

教育部. 2011. 全日制普通高中地理新课程标准. 北京: 人民教育出版社.

金亚丽. 2013. 地理课导入概论. 吉林教育, (22): 43.

李冲锋. 2007. 教学技能应用指导. 上海: 华东师范大学出版社.

李春兰, 徐宝芳. 2013. 基于课堂实录的高中地理课堂提问行为案例分析——以“荒漠化的防治”一节为例. 地理教学, (23): 5-10.

李欢, 陈松林. 2016. 设计会“说话”的地理板书. 中学地理教学参考, (4): 29-30.

李家清. 2010. 新理念地理教学技能训练. 北京: 北京大学出版社.
李家清. 2011. 新理念地理教学论. 2 版. 北京: 北京大学出版社.
李乐. 2013. 初中地理课堂教学导入的常用策略. 学周刊, (4): 112.
李善中. 2012. 高中地理课堂教学中的导课艺术. 现代中小学教育, (11): 49-52.
李艳伟. 2015. 浅谈高中地理教学的课堂导入艺术. 延边教育学院学报, (1): 62-67.
李志伟. 2014. 地理主题活动的设计、实施与评价. 广州: 广东高等教育出版社.
林立新. 2013. 巧设导入 活跃课堂. 科技视界, (20): 122, 166.
林培英. 2012. 高中地理教师专业能力必修. 重庆: 西南师范大学出版社.
刘国强. 2002. 论教学语言的范畴及存在形式和要素特点. 洛阳师专学报, 19(1): 131-132.
刘丽群, 石鸥. 2010. 课堂讲授策略. 北京: 北京师范大学出版社.
刘世娟. 2007. 浅论反思性教学与反思途径. 北京化工大学学报(社会科学版), (3): 77-80.
吕颜海. 2013. 高中地理课堂导入教学方法与实施策略研究. 济南: 山东师范大学硕士学位论文.
马超山. 1993. 高师课程设置对学生职业能力形成的影响及改革略想. 辽宁高等教育研究, (5): 90-93.
南月省, 叶滢, 任国荣. 2012. 地理教学新论. 石家庄: 河北科学技术出版社.
戚艳红. 2014. 创设情境 先声夺人——浅谈地理课堂导入艺术. 教育教学论坛, (29): 125-126.
荣静娴, 钱舍. 2011. 微格教学与微格教研. 上海: 华东师范大学出版社.
施良方. 1992. 学习论——学习心理学的理论与原理. 北京: 人民教育出版社.
施良方. 2001. 教学理论: 课堂教学的原理、策略与研究. 上海: 华东师范大学出版社.
时安平. 2014. 高中地理课堂导入方法及应用举例. 中学教学参考, (16): 128.
苏小兵. 2011. 例谈“地理课堂教学活动”的设计与编写. 中学地理教学参考, (Z1): 16-18.
汪君畅. 2014. 提高艺考生学习地理兴趣的课堂导入方法探讨. 才智, (8): 149.
王佳鸣. 2012. 好的开始是成功的一半——浅谈新课改形势下的地理课堂新课导入. 才智, (33): 178-179.
王民, 仲小敏. 2003. 地理教学论. 2 版. 北京: 高等教育出版社.
王映学, 赵兴奎. 2006. 教学反思: 概念、意义及其途径. 教育理论与实践, (3): 53-56.
韦永森, 何新凤. 2012. 课外活动评估表的探索与实践. 教育与职业, (35): 175-176.
夏志芳, 张继红. 2009. 地理课堂教学行为研究及案例. 南昌: 江西出版社.
肖水爱. 2007. 初中地理课程资源整合教学的探究. 中学地理教学参考, (7): 39.
徐福荫, 李运林, 胡小勇. 2003. 教学媒体的理论与实践. 北京: 北京师范大学出版社.
严先元. 2010. 讲授的技巧. 成都: 四川大学出版社.
杨桂琴. 2009. 反思性教学——教师专业化发展的有效途径. 湖北第二师范学院学报, 26(5): 101-102.
杨苗苗, 关荐. 2012. 教师职业能力研究综述. 现代教育科学·普教研究, (2): 96-98.
杨士军. 2008. 高中地理活动创新设计. 上海: 复旦大学出版社.
张波. 2013. 浅谈高中地理教学的导语设计. 教育教学论坛, (27): 81-82.
张美芝. 2015. 高中地理课堂导入研究. 聊城: 聊城大学硕士学位论文.
张芹. 2009. 教师课堂教学技能培养. 乌鲁木齐: 新疆青少年出版社.
张杏梅. 2010. 中学地理教学论. 北京: 北京师范大学出版社.
张焱华. 2015. 高中地理课堂导入方法探究. 中小学教学研究, (6): 41-43.

张义新. 2012. 如何应用“身边地理”设计好的导入. 教育教学论坛, (27): 126-127.
中国大百科全书编委会. 1985. 中国大百科全书. 北京: 中国大百科全书出版社.
朱诚恳. 2010. 初中地理课堂图表有效教学的策略探讨. 地理教学, (20): 22-24.
朱金兵. 2013. 人教版高中地理必修 2 的课堂导入策略研究. 南昌: 江西师范大学硕士学位论文.